郁达夫/的

孤影流年

高维生 著

图书在版编目（CIP）数据

郁达夫的孤影流年 / 高维生著. -- 北京：团结出版社，2015.7
ISBN 978-7-5126-3674-3

Ⅰ.①郁… Ⅱ.①高… Ⅲ.①郁达夫（1896～1945）—传记 Ⅳ.①K825.6

中国版本图书馆CIP数据核字(2015)第137090号

出　版：	团结出版社
	（北京市东城区东皇城根南街84号　邮编：100006）
电　话：	（010）65228880　65244790　（出版社）
	（010）65238766　85113874　65133603（发行部）
	（010）65133603（邮购）
网　址：	http://www.tjpress.com
E-mail：	65244790@163.com（出版社）
	fx65133603@163.com（发行部邮购）
经　销：	全国新华书店
印　装：	三河腾飞印务有限公司
开　本：	147mm×210mm　1/16
印　张：	9.25
字　数：	204千字
印　数：	4000
版　次：	2015年7月　第1版
印　次：	2015年7月　第1次印刷
书　号：	978-7-5126-3674-3
定　价：	32.00元

（版权所属，盗版必究）

"有我"的传记

耿立

喜欢传主,亦喜写传主的温热文字。

有次朋友小聚,酒酣耳热之际,曾泼墨为朋友写下一联:曾因酒醉鞭名马,生怕情多累美人。这是我极喜的句子,郁达夫诗词是我案头常备之物,每夜睡觉前诵读郁达夫,是我的功课,并且从大学时候起,郁达夫一直是我所喜欢的文人中的率真者,郁达夫有才子意味,常感性,少做作,敢使酒骂座,他这联句出自一九三一年一月廿三日写于上海的诗里:

不是樽前爱惜身,伴狂难免假成真。
曾因醉酒鞭名马,生怕情多累美人。
劫数东南天作孽,鸡鸣风雨海扬尘。
高歌痛哭终何补,义士纷纷说帝秦。

这诗后收入《钓台的春昼》散文中。诗前的小序也是富有意味的:"旧友二三,相逢海上,席间偶谈时事,怅然若失,为之衔杯不饮者久之,或问昔年走马章台,痛饮狂歌意气今安在耶,因而有作。"从这小序里,你知道郁达夫绝对是热血之人,面对不堪的现实,敢于载刺时事,从屈原以降,忧世伤时是文人的常态,但是现当代文人中少有郁达夫这样性情本色的作家,他在《中国新文学大系散文二集导言》说:"'五四'运动的最大成功,第一要算'个人'的发现,从前的人,是为君而存在,为道而存在,为父母而存在的,现在的人才晓得为自我而存在。"

郁达夫的文字强调的是"自我",是自我的呈现自我的完成,我们读《沉沦》《春风沉醉的晚上》《迟桂花》这些名篇,都感到郁达夫的艺术世界,是鲜活的,流动的,真实的,质感的,不是概念的,先验的,僵死的,公式的。我记得郁达夫在《沉沦》中有这样的话"这里就是你的避难所。世间的一般庸人都在那里妒忌你,轻笑你,愚弄你;只有这大自然,这终古常新的苍空皎日,这晚夏的微风,这初秋的清气,还是你的朋友,还是你的慈母,还是你的情人,你也不必再到世上去与那些轻薄的男女共处去,你就在这大自然的怀里,这淳朴的乡间终老了吧。"

这是主人公的心灵的自白,毋宁是郁达夫的夫子自道,这是郁达夫的自叙传,文学对郁达夫来说,是一种自我的完成:"做文士也好,做官也好,做什么都好,主要的总觉是在自己的完成。"这是最使我欣赏的地方,文学是一个人的修炼,在这片祭坛上,作家自我完成自己。

曾因酒醉鞭名马,生怕情多累美人:自古以才子自命的人多如过江之鲫,可是少有酒醉鞭名马之风流放荡不羁之气势;情薄的人多,情深孤独的人少,而付出到吐血唯恐多情累美人的男子更是寥落无几。

　　郁达夫是文学的痴者，也是爱的痴者，而今，他的形象被维生君立体地描画在纸上，郁达夫是小说的大家，旧体诗的大家，也是现代散文的开拓者，而今维生君以新的传记的方式为郁达夫做传，我以为这是从内在的血脉上对传主的把握。

　　郁达夫是一个自由的人，而维生选择散文这种样式为郁达夫做传，是对郁达夫的尊重，这符合郁达夫的性格，散文是一种自由的言说，洪堡特曾以诗歌和散文为例"诗歌只能够在生活的个别时刻和在精神的个别状态之下萌生，散文则时时处处陪伴着人，在人的精神活动的所有表现形式中出现。散文与每个思想、每一感觉相维系。在一种语言里，散文利用自身的准确性、明晰性、灵活性、生动性及和谐悦耳的语言，一方面能够在每一个角度充分自由地发展起来，另一方面则获得了一种精微的感觉，从而能够在每一个场合决定自由发展的适当程度。有了这样一种散文，精神就能够得到同样自由、从容和健康的发展。"

　　我们不能想象，如果一个人或是一个民族精神受到桎梏，那她的创造力怎么会是新鲜和强劲的。自由是郁达夫向往的境界，也是我们为文的境界。

　　在阅读维生的文字时，我印证了一个根深蒂固的意识，那就是在文字的背后有一个人在，我向来认为文是和人相连的，文的背后是人的血气声口，每段历史都是当代史，不从当下出发，不关注当下，一味风花雪月、凌空蹈虚的文字可疑的，我以为一个人在写作时候，可以有虚的结构灵动诗化的语言，可以有逍遥的笔墨，但我以为只有真的文字，实的文字，才可以让人触摸到文和人的精神血脉，在维生君的《郁达夫的孤影流年》里，我像看到和触摸到散文的质地一样，感到了散文的支撑是何，如何为文的问题。

散文是需要支撑的，这支撑可以是情感，可以是识见，可以是诗意，但我以为散文的正宗还是描写叙事，是细节，是司马迁那样的文字，那才是写传记的正宗，在司马迁那里，人是活的，人是实的，往往只是一两件不太起眼的小事，人物的小节，却有雷霆之力，撼人之势，玩古今将相才子佳人于股掌之上，把那些地痞流氓黑道混混，风流皇帝脂粉英雄，一个个写得风生水起，描谁是谁，画谁像谁，真是一个个顾盼自雄，立在纸端。

在读了维生的文字后，我感到他是接通了司马迁的源头，入门很正，一个个郁达夫历史深处的细节，经过作者的灵眼一觑，让读者如在目前。记得在阅读的王安忆写作甘苦时候，看到她的感慨，就知道为文的道理是一样的，无论散文和小说，王安忆说："我年轻的时候不太喜欢福楼拜的作品，我觉得福楼拜的东西太物质了，我当然会喜欢屠格涅夫的作品，喜欢《红楼梦》，不食人间烟火，完全务虚。但是现在年长以后，我觉得，福楼拜真像机械钟表的仪器一样，严丝合缝，它的转动那么有效率。有时候小说真的很像钟表，好的境界就像科学，它嵌得那么好，很美观，你一眼看过去，它那么周密，如此平衡，而这种平衡会产生力度，会有效率。"

其实福楼拜的小说我是喜欢的，对红楼梦却敬而远之，因为红楼梦太琐碎，吃茶了，作诗了，怄气了，挨打了，当时是体悟不了的；喜欢福楼拜，只是因为他的学生莫泊桑，也是爱屋及乌，但现在看来，莫泊桑去老师远矣，但当时没有这样的眼界。

人们知道福楼拜的小说在西方现代派的位置，犹如小说皇帝，他的小说如精密的仪器，但这不是死的生活的模拟，而是为思想为灵魂找一个管道，找一个出口和容器。

从维生的《郁达夫的孤影流年》里，我思考的是如何为精神找一个支架，也就是精神转化为文字的时候，精神不轻飘，我在几年前曾思考一个问题：生活的真相文字转化为何失重？把生活之真转换为喜剧闹剧，这是一些人笔下再正常不过的事情了，但是这里面我们可以看出：一种精神的沉沦，使很多人对生活的真缄口，其实把散文作为美文作为诗意来处理，我们可以问，经过淡化稀释了的真还是真吗？更何况把真喜剧化诗意化，最后化掉的是一种担当的精神是一种对真的遗忘，在审美的沉醉中，把真变成了诗酒文章，这样的散文是可疑的，如果从此角度看维生君的文字，你就知道，散文是物质的，在物质的背后是精神站立的人，是思索，是精神的高度。

散文式的传记最难写，人们常说"散文易学而难工"，是因为散文门槛低，好像那些随手写下的感悟、流水账般的不加裁剪、枯燥的公文写作、如旅游般说明的文字、故纸堆里发霉的历史资料，都好像是散文了。其实如果散文没有精神的参与,散文的背后没有了人的影子,散文的存在就有了问题。记得莫里哀的喜剧《暴发户》中,就有一个商人叫儒尔丹的,他听说自己的一句话"尼哥,给我把拖鞋和睡帽拿来"就是散文时,不禁得意地喊道:"天哪,我说散文说了四十年,自己还一直都不知道!"

　　王国维翻译尼采的话说"凡文字中,余最爱以血书者",捧读维生君的文章是绝对的享受,在他的文章那里,我们看到的是有担当的读书种子,他的文章有一种底气,他采补的是最深厚的文化传统的底气,在传记文学领域,他有着对于传统传记模式的反省和接着说的灿烂。忽然想起坐在虎皮上讲学的张横渠有"为生民立命,为往圣继绝学,为万世开太平"话头,从维生君传记文字里读到的担当,使我想到了张横渠这话,就用在了此处,觉得恰切十分,像量身定做,不禁莞尔,不知维生君意下如何?

目录
CONTENTS

序

"有我"的传记 001

第一卷　完美的一章

出生是一种悲剧 003
青春的梦从这里开始 012
一段快乐的生活 023
青春是一朵火焰 031
漂泊在孤独中 041
他的绰号叫"怪物" 052
"大风圈外"的零余者 059
没有舵楫的孤舟 071

第二卷　漂泊的激荡

郁达夫是一介书生 083
新老事情一块来 103
动荡的快乐 117
是人多愁，是人善感 127
秋天的故都 141
山水中的思考 150

第三卷　心灵的荒原

郁达夫回忆鲁迅　159

大地上跋涉的身影　190

诗情与境界　204

多难的"风雨茅庐"　212

记得旧日行踪　222

残秋的日暮　234

忧郁燃了又燃　246

下雪的午后　266

附录

草檄书生梦里功 \ 尉克冰　274

后记

贴近郁达夫的灵魂　280

主要参考文献

第一卷

完美的一章

YUDAFU

童年深刻地留在生命中,面对铺开的纸,回到遥远的日子里。每一个细微的情节,清晰地出现眼前。

出生是一种悲剧

父亲是陌生的词,从口中吐出这个词,对郁达夫无疑是逼迫。他在女人堆里长大,对其一生影响特别大。

郁达夫的家庭生活不富裕,母亲生了几个孩子,身体处于亏损,一直恢复不过来。随着年龄增长,生活麻木的不想再生育。郁达夫认为母亲的乳汁,等到他的出生,已经变得稀薄,这是理所当然的事情。

郁达夫的啼哭,打破县城里的书香世家往日的寂静,他的父亲郁企曾,育有三子一女,必须养活四个孩子。母亲生下郁达夫,由于奶水不足,保证不了儿子的需求,又无能力雇奶母。郁达夫营养不良,体弱多病,长不到一岁,便得了肠胃病,几番被疾病折磨,差一点丧失性命。为了生存下去,一家人四处奔波,郁达夫生病,又是额外的一笔费用,加重家庭的负担。一介文弱书生出身的父亲,辛苦地操持这个家,终于积劳成疾,他出生后的第三年,父亲因病去世,从此以后,一家祖孙六口人,两代变成寡妇，日子过得十分艰难。姐姐很小的时候，即送给别人家做童养媳，他在一段文字中说：

> 四十年前的中国国民经济，比到现在，虽然也并不见得凋敝，但当时的物质享乐，大家却都在压制，压制得比英国清教徒治世的革命时代还要严刻。所以在一家小县城里的中产之家，非但雇乳母是一件不可容许的罪恶，就是一切家事的操作，也要主妇上场，亲自去做的。像这样的一位奶水不足的母亲，而又喂乳不能按时，杂食不加限制，养出来的小孩，哪里能够强健？我还长不到十二个月，就因营养的不良患起肠胃病来了。一病年余，由衰弱而发热，由发热而痉挛；家中上下，竟被一条小生命而累得筋疲力尽；到了我出生后第三年的春夏之交，父亲也因此以病以死；在这里总算是悲剧的序幕结束了，此后便只是孤儿寡妇的正剧的上场。

父亲是陌生的词，从口中吐出它，对郁达夫无疑是痛苦的逼迫。他在女人堆里长大，对其一生影响特别大。

一连几天，西北风不停地吹来，天上的鳞云，被清扫东海里，天空清爽，漏出温暖的光芒。富春江是一轴展开的国画，竹排顺江而下，一根长篙撑走日子，原生的乡野小调，漂浮水面上。净明的流水，投下阳光的斑点，富春江两岸的山峰，茂林修竹隐在迷蒙里。岸边的乌桕树、槭树、枫树，显出红艳的秋妆，稻田收割后，表现收获喜悦的气象，从县城边的江上，远远地望去，感受乡村的恬静。富春江绕过县城，水势平缓，江面开阔，比起春夏季节水浅很多，不过水色清澈，映照鸭嘴的斑纹。

天气晴朗，江上的运输繁忙，往来的货船特别的多。风帆吹得饱满，点点白帆，竖在船上倒映水面，岸边的山水做背景，在桨橹声中行走江面上。水边的小孩子们，观看过往的船，入水中摸鱼虾，踩上光洁的白石，水中复制他们的影子。这是快乐的时光，午饭之前的时间里，尽情地玩耍，身体贮藏消耗不尽的气力。

2012年年末，一场小雪降临，送来新年的祝福。我看到富春江边，离南门码头不远处，水边一块条石上，坐着一个五六岁大的小孩，他的头上留着罗汉发，穿一件青粗布的棉袍子。他一双童稚的眼睛，向江中心张望，水上来往的帆樯，给幼小的心灵，增添不少好奇。距郁达夫不远处，临水的青石上，影响他童年的另一个人物出现。一位十五六岁模样的女孩，双手浸泡水中，跪在那里淘米。相貌清瘦的女孩子熟练地做活，她直起腰身，甩掉手上的水湿。洗完菜后，她走到郁达夫身边，微笑地对他说："你肚皮饿了没有？"郁达夫的眼睛被水弄得湿润，小小的心里不知装些什么。他在石上站起，准备和女孩子往家走，不时地回身凝视江面上，摇了摇罗汉发的头。女孩子懂得心思，看他可怜的样子，拉住他的小手，弯下腰说道："你在惦记着你的娘吗？她明后天就快回来了！"郁达夫瞧着女孩子的脸，露出悲凉的苦笑。

在中国现代文学史上，郁达夫是一位颇受争议的作家，个人禀赋的内敛，家庭生活的窘迫及社会现实的黑暗，使其作品浸染忧郁、伤感。被人解为"消极""颓唐"，视为"颓唐"派作家；敏于自我发现，善于自我诊断，勇于自我暴露的坦诚，

郁达夫的儿时故居坐落在浙江富阳镇鹳山西端不远处的满舟弄（今称达夫弄）里，地处富春江畔，环境优美。

使他大胆描写性苦闷，性心理，被人骂为"诲淫""不洁"，冠以"黄色文艺大师"之称；悲观主义的个性，主观自我的强调，个人体验的重视，使他常顾影自怜，又被誉为"弱者"。我却认为所谓的"消极""诲淫""颓唐"都是一个感情丰富、意志却不够强硬的爱国者在社会的动荡，经济的压迫，生活的苦闷面前产生的一种特殊的反抗方式。诚然，这种反抗不无消极，但细读那些被他自称为"作家自叙传"的文字你就会感受到一腔冻结着的怒火，这是一种扭曲了的抗争，是种种变态的反抗心理在人性得不到正常发展时的异化现象。郁达夫极清楚地看到中国现实社会的黑暗，却不知如何消灭黑暗；希望中国富强，却不知怎样才能使中国富强。这使他坠入苦闷的境地，产生感伤颓废。这种情结继而蜕化为一种隐遁逃避欲求与世无争的思想，可是正义文人与生俱来的敏感和责任心，又不能使他真正地宁静下来，不由得燃起对现实的愤懑。①

　　童年的不幸，充斥郁达夫的生命。学者邓梅指出，郁达夫采用另一种反抗方式，抵抗苦闷的世界。这么小的年纪是在等待和贫苦中度过。稍小郁达夫几岁的另一位女作家凌叔华，2003年，我读过她的传记，她的父亲出身翰苑，是与康有为同榜的进士。凌叔华的父亲，曾任北洋政界约法会议议员、参政院参政。他精于辞章、酷爱绘画，曾与齐白石、陈寅恪一些名家交往甚密，家里进出的是文人墨客。凌叔华从小接受良好的艺术陶冶，她六岁在花园中，随意地拿木炭，往白墙上画山水风景、花卉和人物。他们的生存环境不一样，对童年的回忆不可能相同，对事物的感觉，叙述的角度各有意味：

---

① 邓梅著：《一个人在途中》，原载《创作评谭》，2008年，第1期。

每当想起童年,便能记起这句话:"回首往事,既喜且忧。"不知有多少次我在梦中又把自己变成了可爱的小姑娘,同儿时的伙伴在老地方玩耍。我不知道他们现在是死了还是活着,也没记住他们的姓名和年龄。反正一样,我喜欢的是他们,又不是名字。①

凌叔华寻找童年的"忧愁",郁达夫渴望幸福。他们人生寻找的方向不同,结果不能一样。这个叫翠花的小仆人,自己得不到爱,又要将温暖送给郁达夫。

2013年1月,鲁北平原的冬天,降了一场雪,我向窗外眺望,雪花纷飞,一片白茫茫的掩盖城市,目光触碰清冷的雪片。我跟随身后,一高一矮,他们虽是主仆,却像姐弟俩,他和翠花向西走了一段,拐进一条小弄里,我和他们走进郁家的老宅。他的家老式三开间的楼房,大院子里格局简单,种着普通的花木,大金鱼缸摆在那里。时间将近正午,阳光撒落地上,郁达夫跨进大门,快步跑走到中厅,问念经的奶奶:"奶奶,娘就快回来了吗?翠花说,不是明天,后天总可以回来的,是真的吗?"奶奶保持姿势,不紧不慢地念经,并不开口回答,只是点两下头。得不到满意的答复,瞅着奶奶念经的扁嘴。念不完经,奶奶不会开口说话,必须耐心地等几分钟。郁达夫跑到厨房,找吃的同时,还能和翠花说话。

吃饱午饭后,奶奶仍在念经,翠花收拾碗筷,传出锅碗相击的声音。响午的阳光洒满东院子,有几只蜂和蝇子,在花木里飞来绕去。南房里投进一缕阳光,郁达夫坐在藤榻上,读《刘永福镇台湾》,还有"日本蛮子桦山总督被擒的石印小画本。"

---

① 凌叔华著:《古韵》,第1页,济南:山东画报出版社,2003年版。

郁达夫的房间里,一张老式木床占去大半空间,靠墙有一藤制书架,墙上贴着郁达夫与第一任妻子孙荃的合影。这间江边老宅见证了他们曾经的甜蜜岁月。

翠花一阵忙碌后，端着一盆洗的衣服，想叫郁达夫去江边，只见他将书丢在一边，什么不盖地睡着了。

郁达夫的两个哥哥，和他年纪差得太大，到很远的地方念书了，兄弟不能一起玩耍，感情难得沟通。多年守寡的奶奶在佛经中，摆脱尘世的一切烦杂，她经历那么多的事情，对人生早已看穿，打从郁达夫记事，他看见奶奶没有牙齿的扁嘴，每天在念佛经。这是缺少男人的家庭，母亲承担父亲的职责，入秋以后，一点儿闲不住，不能待在家里。她里里外外一把手，去乡下收租谷，将谷子碾成米，然后雇船运回城里。

郁达夫的童年和孤独相伴，他动情地说"可是结果终究是非常疼爱我的，却是那一位忠心的使婢翠花。"

郁达夫听母亲说，翠花初来郁家，年纪小得很，大小便还有吃饭和穿衣都要别人侍候。郁达夫父亲死后，哥哥们去外面上学，母亲和长工去乡下。家中的大小事情的安排，全靠翠花忙碌。

孤儿寡妇的人家，缺少一根顶梁柱，免不了受邻居亲戚们的欺凌。瘦弱的母亲不肯屈服，郁家的田地被盗卖，乡下的租谷被偷，祖坟山的坟树遭人偷砍，需要母亲出面去理论。人们知道郁家的背景，母亲拼死拼活地斗争，也夺不回来公理。母亲不知对谁诉说，在父亲像前痛哭一场，倾吐人世间的不平，埋怨他找地方躲清静，将苦难让她一个人承担。哭声撕人肺腑，郁达夫陪母亲哭，母亲看着幼小的孩子，将儿子抱入怀里。翠花体贴人心，不时地慰抚郁达夫，她的泪流得满脸。

有一天，快吃中午饭，郁达夫的母亲不在家，为了这个家，又外出奔波。祖母在厅上念佛，郁达夫在花坛边的石阶上，看大缸里的水藻与金鱼，阳光映进水中，金色的光变了样子。郁达夫被迷住，于惊叹之余，手伸到水缸里打捞丝丝的光，好让它在掌上舞动。郁达夫上半身用力过猛，两只脚脱离地面，悬浮在半空中。他心里发慌，一头倒浸入缸中的水里。郁达夫叫不出声，水不断地往嘴里涌入，挣扎半天，以后发生的事情，一点不知道。

郁达夫清醒时，已经是晚上，那一缕缕金光消失。睁开眼睛，看见两眼哭得红肿的翠花，叫了一声"翠花"，她贴在郁达夫的脸上，哭得鼻涕一把眼泪一把，她带着鼻音惊喜地问道："你看见我了吗？你看得见我了吗？要不要水喝？"他觉得浑身上下，犹如火在燃烧，难受地大吵，催促翠花快一点，掀开身上的棉被。翠花比往常说话还温柔，制止郁达夫说："不，不，野猫要来的！"郁达夫向煤油灯看去，眼睛里飘起茸花，黑影变形以为这是野猫，恐惧感突然袭来，绝望地大哭起来。祖母、母亲听见哭声赶到房间，郁达夫听见母亲对翠花说："你去吃饭，阿官由我来陪他！"

后来翠花长大了，嫁给小学里的先生做填房，生下自己的儿女，后来做了祖母。多少年后，翠花长出白发，失去丈夫变成寡妇。有一年郁达夫回到老家，赶上她从乡下挑了一担老玉米之类的土产，探望郁达夫的母亲。他们二十多年不见面，郁达夫人过三十，经历漂泊的沧桑，翠花看见他，先是笑一阵，然后号啕大哭。郁达夫询问她的生活情况，她的儿子没有一起进城来玩。喜悦的泪水中，郁达夫感觉到时间的无情，翠花不时地擦眼泪，从布裙袋里，掏出烤好的白芋，小心地递给郁达夫。看着他接过来开心地吃，大家瞧他的吃相，一家人笑起来，翠花的眼里，他大约还是小孩子的样子。

青春的梦从这里开始

早年的生活和故乡的环境对作家的影响经常具有决定性的意义，就像福克纳不忘南方庄园、鲁迅眷恋绍兴一样。
富春江的山水永远孕育着郁达夫，并使之有取之不尽的灵感。

三面被小山包围住，江水绕过县城，一些房子临江而筑，被风吹来的一般。富春江是一条美丽的大江，清澈的水在天空下流动。郁达夫的童年和江水分不开，出家门不远，就能来到江边。

富春江号称县城，"可是人家不满三千，商店不过百数。"普通的居民百姓，在优美的自然环境中生活，知足常乐，吃饱不饿，不知道外面世界什么样子，不懂得做一些手工业，或其他新式的生计。平时度日，有的人家依靠祖传的一点田产，有的几家以出租小房子，吃几元的月租金为生活来源。但大多数的百姓人家，却还是既无遗产，又无丰富的产业。他们的生活日出而作，日落而息，凭老天吃一口饭，没有生活的目的，缺少长远的计划。"只同蟑螂似地在那里出生,死亡,繁衍生息。"郁达夫选择"蟑螂",表现底层人的生活,生命的顽强和忍耐。我们通过文字的描写,回到那个时代中,我不想年谱地记录传主一生,而是寻找历史和心理的意义。我是写作者,对郁达夫生命中,某一阶段的经历感兴趣,并试图通过细节,走进他人生的脉络中。我认为"凄美"的回忆,适合他的童年,他记下小城人的生存状态:

> 这些蟑螂的密集之区,总不外乎两处地方;一处是三个铜子一碗的茶店,一处是六个铜子一碗的小酒馆。他们在那里从早晨坐起,一直可以坐到晚上上排门的时候;讨论柴米油盐的价格,传播东邻西舍的新闻,为了一点不相干的细事,譬如说罢,甲以为李德泰的煤油只卖三个铜子一提,乙以为是五个铜子两提的话,双方就会得争论起来;此外的人,也马上分成甲党或乙党提出证据,互相论辩;弄到后来,也许相打起来,打得头破血流,还不能够解决。
>
> 因此,在这么小的一个县城里,茶店酒馆,竟也有五六十家之多;于是大部分的蟑螂,就家里可以不备面盆手巾,桌椅板凳,饭锅碗筷等日常用具,而悠悠地生活过去了。离我们家里不远的大江边上,就有这样的两处蟑螂之窗。

童年深刻地留在郁达夫的生命中,面对铺开的纸,回到遥远的日子里。每一个细微的情节,清晰地出现眼前。郁达夫家的邻居,他们家的生活主要来源,平时靠砍柴,或沿街串巷卖菜,有人家红白喜事帮忙跑腿。一家老少的人很多,"而住的

富阳整体地貌以"两山夹江"为最大特征。
天目山余脉绵亘西北,仙霞岭余脉蜿蜒东南,富春江西入东出,斜贯市境中部。

那一间屋,却只比牛栏马槽大了一点。"家中最小的那个孩子,大郁达夫一岁,名字叫阿千。南方的冬天阴冷,钻透骨髓,阿千的家里穷,无多余的钱给他买一件棉衣,阿千穿的和"伞似的一堆破絮"。夏天来了,阿千干脆不穿衣服,光着大半身,皮肤晒得黝黑,臂膀粗大结实。阿千不似富春江边上的人,皮肤不细腻,脸从来不洗的样子,如江上的水鸟一般,但在郁达夫的心目中,他可是小英雄。阿千跟家里的大人,天天出入茶店酒馆。碰上婚丧的人家,他跟在大人的身后进出。他和别人打架,争吵起来嘴不吃一点亏。不大的年龄,对待人情应酬自如。郁达夫经常看见阿千,从他们家的门前走过,打心眼里羡慕。他又上茶馆喝茶,或者进酒馆,看大人猜拳饮酒,自己什么时候才能和他一样混在大人堆里呢?阿千每天经过郁达夫的家门,一天中不管清早,还是深夜归来,都躲不过他的眼睛。阿千过早的成熟,身上有大人的影子,他的嗓音很大,一边走路,不时地和大人谈天。有时阿千一个人,哼唱地方戏曲小调,快乐地走过郁家的大门。结束一天的劳作,阿千跟大人,一道上酒馆时,看见郁达夫站在门口,便邀请一同玩。郁达夫胆小怕事,不敢惹母亲生气,从小他没有经过那种场面,接受不了大人开过火的玩笑。郁达夫微笑地摇摇头,然后跑进屋里。他渴望和英雄一起游荡,阿千有特殊的魅力,总是诱惑郁达夫,如果他不躲开,阿千再说几句好话,他会不顾一切地跟随其后。郁达夫的研究专家刘茂海,总结其童年的经历时认为:

早年的生活和故乡的环境对作家的影响经常具有决定性的意义,就像福克纳不忘南方庄园、鲁迅眷恋绍兴一样。富春江

《富春山居图》

是元朝书画,以浙江富春江为背景,全图用墨淡雅,山和水的布置疏密得当,墨色浓淡干湿并用,极富于变化,是黄公望的代表作,被称为"中国十大传世名画"之一。

的山水永远孕育着郁达夫,并使之有取之不尽的灵感。在"自传"里,他诅咒封建习俗,也嘲笑乡民的愚昧,但是,一旦谈及具体生活中的人,尽管他们依然可怜、依然可笑,郁达夫的态度却立即趋于温和:翠花和阿千,有点像长妈妈和闰土,郁达夫在挪揄里带着同情,在感慨中含着沉思。书塾的古板生活、学堂的病态风气,在他的回忆里,也似乎褪近了苦味,把留下乐趣。倘若谈及亲人,特别是谈及母亲,游子的脸上更难以自禁地热泪纵横……显然,当郁达夫追忆往事、神游故土时,他的笔端满贮着深情。这种深情,使他的行文特别亲切,语气极其温和;使他的自我描写不再只是拘泥于早年生活的细节,而是顺从着情绪、纵容着想象,反射着中年的心境——强烈的情感色彩、艺术的想象与构思以及形象的描写文字,都在确定着郁达夫的"自传"真正的散文性质与艺术价值。因此我们可以说。郁达夫"自传"是一组相当出色的散文,足以同他的或其他现代散文家的精品佳作相媲美。①

春天的一个早晨,母亲给郁达夫的父亲扫墓,祖母去离家几里路外的庙上念佛吃斋。翠花独自在灶下洗涮碗筷,郁达夫待在大门口,观看天空中的浮云。很多事情巧合,犹如戏剧中的情节,节外生枝,空中起步。阿千哼唱小戏,背着上山打柴的家伙,从家里走出。他看到孤单的郁达夫,没精打采的样子,停下和他谈天,热情地相邀说:"鹳山后面的盘龙山上,映山红开得多着哩;并且还有乌米饭(是一种小黑果子),彤管子(也是一种刺果),刺莓等,你跟了我来吧,我可以采一大堆给你。你们奶奶,不也在北面山脚下的真觉寺里念佛吗?等我砍好了

---

① 刘茂海著:《是颓废还是辉煌——郁达夫作品的思想与艺术》,第127页,银川:宁夏人民出版社,2006年版。

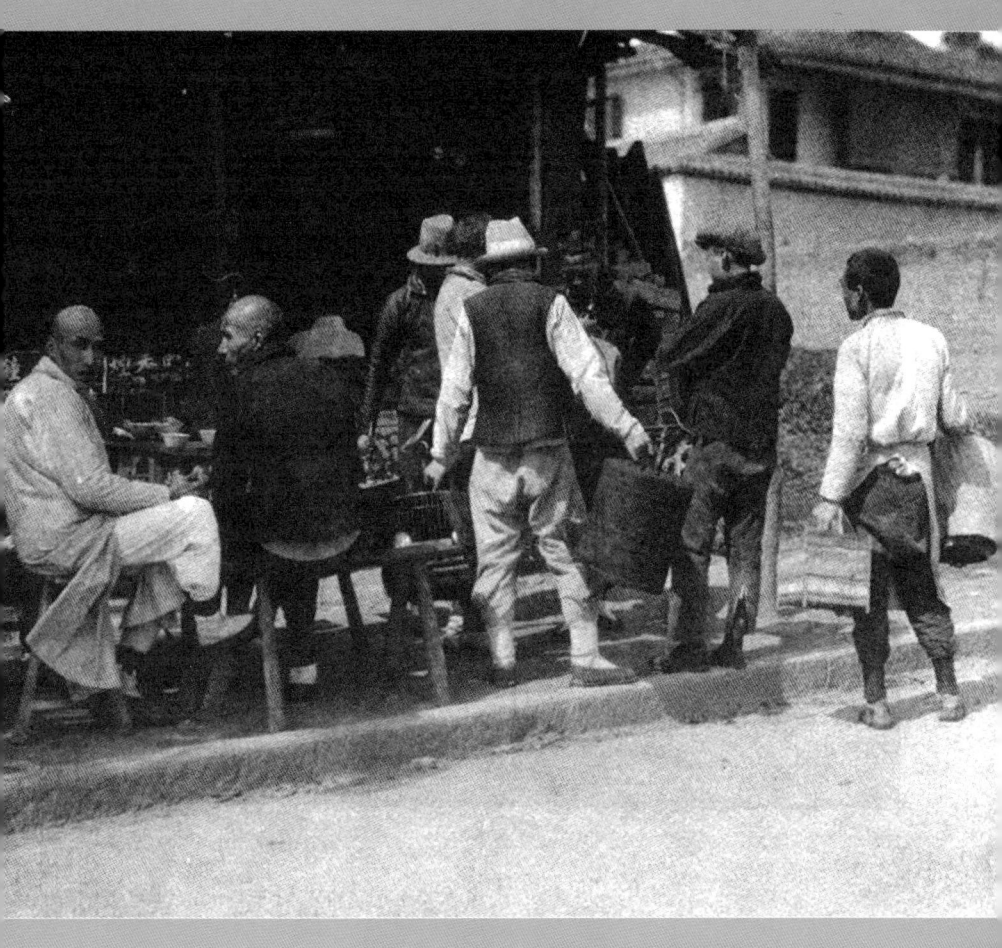

富阳地区自然条件优越,物产丰富,百姓的生活大多随遇而安,闲适安逸。

柴，我就可以送你上寺里去吃饭去。"

阿千的话语，点燃郁达夫冒险的念头。第一次离开家和自己所崇拜的人同行，是快乐无比的事情。天气那么的好，阿千又一个人砍柴。早晨起来时，祖母准备到庙上念佛，郁达夫闹着带他一起去。祖母怕他走不动，所以断然拒绝，让他和翠花留守家中。郁达夫听到阿千的提议，心里不安地活动，他控制不住自己的身体，跟阿千轻松地出发。他害怕翠花阻挠，脱不开身子，不打一声招呼，一路小跑地离开家。出了狭长的弄堂，沿着江向东，一口气跑出县城，感觉不到累。城外天高，地宽广绿色多了。郁达夫被美丽的风光迷住，他感觉自己懂得太少，不时向阿千提出问题。他佩服阿千什么都明白，一点难不住，"是一部小小的自然界的百科大辞典"，郁达夫回忆说，从盘龙山山路开始，这是他人生最初学自然科学的小课本，学习到了很多常识性的东西。

麦子在春天中，长得好几尺高，桑树长出嫩叶。郁达夫发现新鲜事，"晴天里舒叔叔的一声飞鸣过去的，是老鹰在觅食；树枝头叽叽喳喳，似在打架又像是在谈天的，大半是麻雀之类；远处的竹林丛里，既有抑扬，又带余韵，在那里歌唱的，才是深山的画眉。"

行走在山路上，郁达夫不觉累，路旁拳曲的小草，结满绛黄的茸毛，看上去仿佛野生的虫子。若遇到一簇，远远地绕行，必须躲开它们。这些天真的举动，惹得阿千大笑，他对郁达夫解释说："这是薇蕨，摘了去，把下面的粗干切了，炒起来吃，味道是很好的哩！"

山路盘曲而升，越往前走越高，山上的绿色植被，使郁达夫看到另一番景色。阳光铺在山坡上，草木散发清新的气息，阿千走在前面，不一会儿身子热了，将他的破夹袄一脱，随意丢在地上。阿千很会体贴人，让郁达夫坐在大石上休息，自己哼唱小戏，拎着柴刀砍柴，顺便采摘一些野果。郁达夫不知做什么，听从阿千的安排，走这么长的路，明显感到疲劳过度。郁达夫向山脚下的大江眺望，无意中的一望，他发现新的惊异。

"这世界真大呀！那宽广的水面！那澄碧的天空！那些上下的船只，究竟是从哪里来，上哪里去的呢？"

郁达夫待在山顶，风吹散身上的汗水。阳光在绿野桑田颤动，远看江水和淡墨色的青山，听阿千的唱戏声，涌起莫名的愁思，他想到自己长大，浪迹远方，如果真的到天边，那么家里的人呢？想到离开家人，对远方的渴望与离家的愁绪，他流淌热泪。休息后的身子绵软，脑子里混乱一团，视线变得模糊。郁达夫在阳光里做梦，梦见有一只大船，鼓起一张帆，他和家里的人，还有阿千都在船上，上面堆着好吃的东西，他们一边唱戏，一边顺流漂下去，到一个陌生的地方。郁达夫梦见茶店、酒馆，被复制到山上，他和阿千进去大喝大嚷，一边的大人们，惊奇地注视。

不断的白日之梦，使郁达夫沉醉其中，不知过去多久。阿千背着一捆草柴，光着膀子，手中拿的小衫里面，有刺莓、映山红、乌米饭一类的野果，从远处回到石边。

阿千卸下草柴捆，他对郁达夫说，时候不早了，还得再砍一捆柴。阿千嘱咐他等一会儿，先自己吃野果子。阿千绕过山腰去后山，前山的柴被人砍光，不容易砍第二捆。

远处传播真觉寺的钟鼓声音，山下的一条青烟，从寺庙的厨房冒到屋顶。向寺里眺望，阿千放下背的柴捆，对郁达夫说："他们在烧中饭了，大约离吃饭的时候也不很远，我还是先送你到寺里去吧！"

他们来到寺里，祖母和念佛的婆婆感到吃惊，张大一双眼睛。将郁达夫交到祖母的手中，阿千背起柴捆离开。婆婆们围绕郁达夫，询问事情的经过，一路的疲惫消失，他感到得意，将如何和阿千一起出城，上山采野果的情形，看到天空中飞的鸟儿，说的相当详细，恐怕漏掉一个细节，有一位老婆婆问："你大了，打算去做些什么？"郁达夫回答说："我愿意去砍柴！"

家乡的茶店、酒馆，还在风行热闹，中年人对童年的回忆，别有一番滋味。郁达夫心中的小英雄，带他初次上山的阿千，没有做出大事，有一年富春江涨大水，他喝醉酒被淹死。阿千一家人，一个个地死掉，现在无人活着。阿千家的"那一座牛栏似的房屋"，在岁月中换了几个主人。郁达夫感叹时间不饶人，生死无常，生命无法预测。阿千之死，带走郁达夫童年的梦，使他懂得人世间的冷暖。

一段快乐的生活

由书塾到学堂,不仅是名字的转换,
而且是新的思想潮流,冲击封闭社会的陈旧保守。
这一个转变,对于郁达夫是从天落到地上。

　　郁达夫说过,在先生的目光下背书,随着文字的韵律,摇摆身体的快乐,是不在书塾里读过书的人,所不能理解的。

　　郁达夫的记忆模糊,对于念书的年龄,说不清准确的日子,他想大约七八岁的样子。记得有一年冬天,夜深困意难抵,浑身软绵无力地躺床上。一个个地打呵欠,眼泪随之流出,他不断地拿袖子擦眼睛。不知什么时间,门外探进一盏灯笼,走进一位老先生。母亲让他开口叫先生,说是来替他开笔的。睡意不消的郁达夫,全凭家人的安排,跟着先生上香。先是"对孔子的神位行了三跪九叩之礼;立起来就在香案前面的一张桌上写了一张上大人的红字,念了四句'人之初,性本善'的《三字经》。"转过年的春天,郁达夫夹绿布书包,背后拖一条红丝小辫,走进书塾里,成了小学生的样子。

从前我们学英文的时候,中国自己还没有教科书,用的是一册英国人编了预备给印度人读的同纳氏文法是一路的读本。这读本里,有一篇说中国人读书的故事。

插画中画着一位年老背曲拿烟管带眼镜拖辫子的老先生坐在那里听学生背书,立在这先生前面背书的,也是一位拖着长辫的小后生。不晓为什么原因,这一课的故事,对我印象特别的深,到现在我还约略谙诵得出来。里面曾说到中国人读书的奇习,说:"他们无论读书背书时,总要把身体东摇西扫,摇动得像一个自鸣钟的摆。"

这一种读书背书时摇摆身体的作用与快乐,大约是没有在从前的中国书塾里读过书的人所永不能了解的。

三十多年过去了,当时感觉读书的痛苦,已经被时间消磨干净,现在回想书塾里的生活,是童年中快活的一段生活。先生的管教严格,背书不能马虎大意。从早晨一直坐到下午,缺少活动时间,唯一帮助消化的运动,就是摇摆身体,张开嘴大声高叫。上厕所大小便是学生们暂时的解放,这个脏污的地方变作乐园。郁达夫的同学中间,有一位淘气的是陈老师的儿子,他的名字叫陈方。书塾设在学宫的里面,陈方每天早晨,一会儿小便,一会儿大便,跑厕所十二三次。陈方频频地走动,扰乱同学们背书的注意力,先生实在想不出办法,于是设下一支令签,谁要上厕所的同学,必须持竹令签,才能去方便。办法果然奏效,两人一块去的小阴谋,躲在厕所里捣鬼的弊端,彻

第一卷 完美的一章

富阳郁达夫故居

底地被清除。过不了多久,小小的竹令签,又变成争夺的目标,是学生们唯一的娱乐。

陈方大郁达夫四岁,是同学们中的主心骨,春香闹学似的把戏,大多由他发起。所以先生的惩罚,落在他的头上时居多。大祸临头,有几个狡猾的同学,将责任推诿给陈方,使其冤枉被打,代人受过的事情也着实不少。陈方知道说不清,每次受罚之后,几滴大泪点,从张大的两眼滴落,不时地摸头上的疼处。郁达夫进了新学堂,陈方随父亲的任职到别的地方,分别这么多年,直到现在他们没有再见面。这样的机会不再会有,国共分家的那一天?郁达夫在香港,听人说起陈方惨死的样子。

由书塾到学堂,不仅是名字的转换,而且是新的思想潮流,冲击封闭社会的陈旧保守。这一个转变,对于郁达夫是从天落到地上。让他感到自豪的一点,他是全校的学生当中,年龄最小的一个。

学堂是新名词,它是孩子崇拜的目标。学堂将书院的旧考棚撤去一部分,一间中国款式的洋房修葺后,远近的人们,距离几十里路的乡下人,结伴搭伙带了饭包和雨伞,进城凑热闹。校舍改造的半年之中,"洋学堂"变成公共的空间,各种阶层的人,在这个县城的中心舞台,展示复杂的心情和观望的态度。学堂前面加"洋"字,字面的意义、内容发生变化,学生的服饰,课程所学的东西不同。"洋学堂"成为县城里的谈话中心,"而穿着奇形怪状的黑斜纹布制服的学堂生,似乎都是万能的张天师,人家也在侧目对视,自家也在暗自得意。"人们感受社会的变化,很多的事情,一夜醒来就已发生改变。

县立高等小学的堂长,身价倍增,在富阳县是一位了不起的大人物，进进出出，坐一顶蓝呢的小轿，就是知县宴请客，座位上少不了他。按照规定，每个月第四个礼拜六下午，上作文课的时候，县官来学堂监课，学生们还能得到两个肉馒头。家住乡下的学生，上完作文课后，拿回家的包裹里，往往装着肉馒头，带回去送给邻里长辈。这是一种虚荣心，他们供应的真正用意，并非发自内心的孝敬，肉馒头是学堂里的东西，由知县大人奖赏，吃了这样的馒头，解馋填饱肚子，还可以驱邪和启智。

郁达夫所在的那一班，有几位同学，三十岁左右考上秀才。郁达夫嘲笑地说，"他们穿起制服来，因为背形微驼，样子有点不大雅观，但穿了袍子马褂，摇摇摆摆走回乡下去的体态，如另有着一种堂皇严肃的威仪。"进县立高等小学那一年，郁达夫学习成绩突出，超出八十分。在同学们中拔尖，郁达夫受到堂长和知县的重视，允许郁达夫和其他的四位同学跳级，升入高两年的班级里。小小的年纪，学习这么优秀，得到学堂的回报。一件普通的事情，县城里居然掀起一阵震荡，为此事，郁达夫的家里发生一场风波，影响他的一生：

是第二年春天开学时候，他的寡母辛辛苦苦调集了几块大洋的学费和书籍费缴进学堂去后，达夫又向她提出一个无理的要求，硬要母亲去给他买一双皮鞋来穿，因为他跳过了一班，升了一级，非要如此打扮，才能压服许多比他大一半年龄的同学的心。为凑学费之类，已经罗掘俱穷的他那位母亲，自然再也没有两块大洋的余钱替他去买皮鞋。不得已只好老着面皮带着他一家一家去大街上的洋广货店去赊欠。可是走了几家都遭到无情地拒绝,直至走到最后那一家"隆兴"号里惨遭拒绝赊欠的一瞬间,他母亲非但涨红了脸,而且两眼也有点红起来,不得已只好默默地走出了店。回到家里,收拾了一大包衣服,要上当铺去抵押现钱。这时达夫拼命拖住母亲,哭着喊着:"娘,娘,您别去吧,我不要了,我不要皮鞋穿了!那些店家!那些可恶的店家!"说着还跪在地上,他的母亲也哭起来。母子两人的对泣,惊动了四邻,大家都走拢来相劝。他就由隔壁的大伯带走,到他的家里去。

经过这一番波折以后,他非但皮鞋不着,连衣服用具都不想用新的。拼命读书,拼命和贫苦的同学来往。他对有钱的人和商人的仇视,也是从这时候开始的,直到后来,一直都没有改变。①

温梓川生长在马来西亚的槟榔屿,1927年,考取上海暨南大学西洋文学系,开始他的文学生涯。温梓川在上海文坛,结识一大批文学界的名人和朋友,郁达夫是其中之一。温梓川是马来西亚著名的华文作家,他写的传记,有旁征博引的资料,特殊的情感,使文字有不一样的感觉。2013年,元旦放假这几天,读温梓川的《郁达夫别传》,我听到郁达夫的哭喊,他母亲无奈的哭诉声,回荡在富春江边上。我很想走过去,替他擦掉脸上的泪水。温梓川写到这里的心情,也不会好受的,他理解朋友的心情。这件事情不过是人生的小插曲,但留给他的记忆,却是不可磨灭的。从此以后,郁达夫离开家乡漂泊,对于物质生活轻描淡写,拼命地读书。

郁达夫十三岁,那年的冬天,社会发生大的变化,这一年

---

① [马]温梓川著:《郁达夫别传》,第26页,银川:宁夏人民出版社,2006年版。

温梓川（1911.5.3—1986.10.20）

又名温玉舒，马来西亚著名华文作家。与郁达夫、鲁迅、徐志摩等人交情甚笃，著有《郁达夫别传》。

《郁达夫别传》温梓川

是光绪三十四年,皇帝死了。不大的富阳县里来了哀诏,人们暗地里议论纷纷。"熊成基的安徽起义,无知幼弱的溥仪的入嗣,帝室的荒淫,种族的歧视等,都从几位看报的教员的口里,传入了我们的耳朵。"几乎天天涌进新名词,信息铺天盖地,印象最深的是国文教员拿来的报纸上,刊登青年军官的半身像。老师动情地说,"这一位革命义士,在哈尔滨被捕,在吉林被满清的大员及汉族的卖国奴等生生地杀掉了;我们要复仇,我们要努力用功。"所谓种族,所谓革命,五花八门的政治名词,伴随老师的激情讲述,灌输给郁达夫的心灵中,仿佛一棵树,越长越大。

青春是一朵火焰

春天即将过去，一个人踏着阳光，
走在石铺路上，不时地伸手，捕捉飞舞的杨花。
普通的路平常不过，对于青春朦胧期的人有点像梦游。

增添了一个"洋"字，学堂里的课程，所学的东西就不一样。从节奏鲜明的古文，到接触小人似的英文字母，人的舌头发音变味。郁达夫想起初学英文，现在回想觉得好笑。在那个时代，同学们都是这样，"和他们一样地曲着背，耸着肩，摇摆着身体，用了读《古文辞类纂》的腔调，高声朗诵着皮衣啤，皮哀排的精神，却真是一点儿含糊苟且之处都没有的。"新知识带来的快乐，对外面世界渴望了解。学会几个字母之后，大家急于尝试，写出自己的名字。英文老师成了课余的翻译，为学生拼写英文名字。同学们要排号，有几位同学等不及了，想走一条捷径，他们问先生，"外国百家姓和外国三字经有没有得买的？"先生笑着回答说："外国百家姓和三字经，就只有你们在读的那一本泼刺玛的时候,"同学们有些失望,感觉黄头发的外国人的文化,还不如中国的文化,"百家姓"都没有,这种想法刺激同学们,使得背诵英文单词更来劲。

追求时髦的风气,在同学们中间流行。学英文不过一个多礼拜,传统的教科书《十三经注疏》《御批通鉴辑览》的黄封面上,中文名的一边,已经写上歪扭的英文名字。

每当看到自修室里的先生,倒背双手,走出去以后,门在身后关上,同学们窃窃私语,说一些关于男女的事情。郁达夫对此不感兴趣,他在女人堆里长大,从小没有父亲,有两个在外上学的哥哥,一年到头碰不上。他对女性不敏感,关于性知识方面什么也不懂。由于家庭的背景,他接触的环境比较窄,自小习惯一个人,有一颗脆弱的心,种种原因造成胆小怕事,畏缩不前的个性。郁达夫左边的一位同学,他家离学堂很近,大郁达夫一岁。每到礼拜天,他家便成为聚会的地方,一些同学们被他的妹妹吸引。郁达夫老实巴交,学习又是班里的尖子生,课余他邀请郁达夫去家里做客。郁达夫不是小孩子,从心理和生理两方面来说,他想接近女孩子的身边。喜欢她们的笑声,身上散发的气息,他有几次跑向同学的家,可是到了门口,望着高大的院门,又胆怯地逃跑。同学长得英俊,突显着男人的气质,以他家中的财富,还有漂亮的姊妹,身价地位不一般,自然有自豪感,在学堂里受人另眼看待。小小的富阳县城,他是一位受瞩目的人物。男同学相貌气质超众,还有周旋才略,不大的县城,几个相貌艳丽的女性,都是他的好朋友。这个男同学善于接受新事物,天不怕地不怕,说话能言善辩,讨女孩子喜欢。与郁达夫同年龄的女性中,穿戴时尚的有三个人,一个是在上海开店的商人,赵某的侄女。她家住得和郁达夫最近,其余的两个富有人家的女儿,经常到杭州和上海。每当月光柔和的夜晚,女孩子的家门前附近,经常发现黑影徘徊,有的是郁达夫的同学。每到礼拜一,上课之前的一段时间,听到同学们私下交流,不时地用英文说"我看见她了!""我听见她在读书"。引起话题议论的人,大多是郁达夫敬仰的神,他的情感变得复杂。赵家的那位女孩,皮肤细腻,瓜子形的脸,笑起来非常动人。她是当地富有人家的孩子,经常来往上海,到她叔父那里走动。所以她穿的衣服款式新潮,在富阳县城惹人眼目。衣服的布料,不是百姓穿的粗布,有的料质全县人都不曾见到过。她们家人口不多,只有她的寡母和一个女仆,住的房子却很大。门前栽一排柳树,树下种的一些鲜花,对面的一道红墙是学宫的围墙。池上的一棵大树,枝叶茂密,柳条垂挂墙外,红花和绿叶相映。春天即将过去,一个人踏着阳光,走在石铺路上,不时地伸手,捕捉飞舞的杨花。普通的路平常不过,对于青春朦胧期的人却有点像梦游。楼头镂花的窗子里,露出少女的脸,一双黑亮的眼睛,抛出水一般的媚眼。富阳城的三位时髦女孩子,有两个家住的接近,总是成双成对地走出。平时她们在家,天天聚在一块,由于经常出入上海等城市,见过大世面,所以比较开放,属于追求自由的新女性。

郁达夫胆小怕事,对于异性的了解,处于懵懂的状态,矜持的有点过分。郁达夫认为和女孩子们交往不是正经事,是读书人不应该做的事情,是没有出息的行为。他凑巧在路上,遇见她们中间的一个,或在她们家门前经过,心里有说不出的滋味,郁达夫的自卑心理,使他对事物过于敏感,异性的眼光一撩，便在他的心中发生震动。郁达夫与那两位女孩子住的较近，她们的为人处世，交往的知识比郁达夫多，做事大方老成，不像一些女孩传统保守。郁达夫和那位同学有过小计较，他心中有数，又不明白地说出。自己的条件不出众，不论家庭背景，还是社会上的交往，郁达夫知道，他不是她们喜欢的对象，相对两位时尚的女孩，并不能真正打动他的心。可是赵家的女孩，从任何一个方面，都足以使郁达夫心慌，手足无措的表情，无名的情感，两年里扰乱他纯真的心。

郁达夫和赵家的住处相对较近，他们经常碰面，见面的机会多。郁达夫故意在路上拖延回家的时间，环顾四周等待她的出现。他们相遇时，她礼貌地打招呼，对郁达夫微微一笑。这是正常的礼节，不带什么暗示，郁达夫却受不了这样的待遇，他产生过多的想法，不敢直视女孩子的眼睛。郁达夫耳朵发烧，脸颊发热，手脚不知放什么地方。这种感觉，使青春的身体得到快感。郁达夫既想回避，又在焦急中等待，纠结的情感折磨人。一次次地希望，带来想象的快乐，郁达夫和赵家女孩在虚构中的交往和亲近，变成心灵的秘密功课。

赵家女孩子的动向，是郁达夫最关注的焦点。他留心地听人说有关她的近况，有时候从串门人的口里传出，来人随意地说："她和她母亲又上上海去了，不知要什么时候回来。"听到这里，郁达夫的心揪起来，真怕与她分别再见不到面。郁达夫瘦弱的身体，承受说不清的压力，和同学交谈中流露信息，有一天被看穿。礼拜六的下午，学堂这天没有课，他对郁达夫说："今天下午，赵家的那个小丫头，要上倩儿家去，你愿不愿意和我同去一道玩儿？"郁达夫一听到赵家女孩的名字，涌起一阵冲动，瞬间涨红脸。郁达夫嗫嚅半天，说不出一句完整的话回答同学的邀请。他摇头表示不去，身体不听话，眼睛里想哭的样子。男同学了解他的心情，不管郁达夫态度如何，便拉起他走出校门。

他们来到倩儿家的门口，开始一番拉扯。男同学年纪大，心眼多一些，他见郁达夫扭捏的样子，不管不顾地大声叫喊，门里面的三个女孩子，循着声音跑出来。郁达夫进退两难，找不到好办法，只能红着脸，硬头皮打招呼。郁达夫说些什么话，事后想不起一句，怎么走进大院门，跟他们到了房子里，也全然不知。郁达夫的男同学，不考虑他的面子，连说带比划，将如何把他拖来的经过说一遍。郁达夫脑子里一片空白，什么意识都没有了，她们听后，接着一阵大笑。郁达夫受不了笑声，涌起一种怨气，认为他们联合起来嘲笑人。

郁达夫鼓足勇气，想马上离开这个家，躲开他们一伙人，远远的不再见面。他催自己快一点走，不想听她们的笑声。郁达夫的身体不动，思想和肉体激烈地对抗，他被左右拉扯，不知倾向哪一边。郁达夫的脚不听话，跟她们去客厅里，坐在椅子中不敢接近，看他们四个人，围在桌前抓骨牌。郁达夫的心情平静多了，坐在同学的背后，表面上是看牌，实际上偷偷地瞅女孩子的脸。他不关心牌局上的输赢，因为有另一种快乐，比桌上的牌更有诱惑。打完牌后，家中仆人做好夜饭，他和她们逐渐熟悉，也敢说一些话了。最后，他们在说笑声中告别，临走时倩儿的母亲，怕天黑路不好走，还派郁达夫一个差使，点上灯笼照路，要他护送赵家女孩回家。这次是郁达夫人生中的关键时刻，他性格怯弱的阴影，被青春的激情覆盖。自从这一回后,郁达夫有了新的伙伴,自然地出入女孩子们的家里。

1909年春天的时候,郁达夫以优异的成绩毕业,获得一本《吴梅村诗集》,这本诗集成为他研究韵律的开始。郁达夫记得旧历正月十三的晚上,学堂里给他颁发"毕业文凭及增生执照",然后在大厅设宴,摆了五桌送别毕业生的酒席。郁达夫回忆那个夜晚的情景,月特别的明亮,天气不很冷,富阳县平日的安静被一阵阵爆竹声打破,百姓庆祝新年的上灯节。毕业标志少年已经长大,进入人生的又一个阶段。郁达夫喝了几杯酒后,抑制不住欣悦,兴奋地走出校门,踏着月光走向赵家。月光下的院子安静诱人,女仆陪女孩子的母亲上街,准备蜡烛水果和过元宵节的东西。郁达夫推门,跨过那道门坎,看见赵家女孩背后的长辫子。她坐在大厅的桌子边上,守着一盏洋灯,练习写大字,听见脚步声,她连头不回,问了一声"是谁?"郁达夫放轻脚步,走到她的身后吹灭洋灯。郁达夫在自传中说,"月光如潮水似地浸满这一座朝南的大厅,"潮水的月光阴柔多情,它能湮灭青春燃烧的激情火焰。赵家女孩大叫一声,马上转过头,她早知道来人是谁。郁达夫借助月光,看着她细嫩的脸,酒精和情感扑向青春的眼睛。郁达夫无法控制住自己,伸出双手抓住她的胳膊。两人默默相望,她不说一句话,郁达夫也不问。他站在她的面前,他们的目光融合在一起,郁达夫感觉到目光的颤动,抵抗不了太久就败下阵来。那是特殊的对视,他愿意永远不变,这不是用话语能够满足的时刻。第一次体验女性带来的陶醉感,它和月光交融,吞噬年轻人的心……

2013年1月,鲁北平原几天阴云不散,我在书房里,重新阅读二十多年前买的《郁达夫小说全编》。读到1922年,刊发的小说《春潮》，郁达夫写到一年的春天，在他家乡江边的事情，写到一对年轻人约会的情景，有少年时和赵家女孩的影子：

> 吃了午饭，看看他的哥哥们都上田里去耕作去了，诗礼就一个人跑上秋英家来。在这似烟似梦的阳春景里，今日诗礼不晓为了什么原因，他的小小的眉间带着几分隐忧。一路上看看树头的青枝绿叶，听听远近的小鸟歌声，他的小小的胸怀，终觉得不能同平日一样的开畅起来。走到了秋英的家里，他看见秋英正在那里灌庭前园里的草花。帮秋英灌了一忽花，诗礼就叫秋英出来上后面山上采红果儿去。从绿荫的底下穿绕出一条曲径，走到山腹的一块岩石边上的时候，诗礼回转头来，看见澄清如练的一条春水中间，映着一张同海鸥似的白色的风帆。呆看了一刻，他就对秋英说："你看那张风帆，我不久也要乘了那么大的船上杭州去。"
>
> "杭州？你一个人去吗？"
>
> "爸爸同我去的，他说我在家里没用。要送我上杭州纸行里学生意去。"
>
> "你喜欢去吗？"
>
> "我很喜欢去，因为我听爸爸说，杭州比这里热闹得多。昨天晚上，我们正在那讲杭州的时候，妈妈忽然哭了起来，爸爸同她闹了一场。我见妈妈一个人进房去睡，所以也跟了进去，她放下了洋灯，忽然把我紧紧地抱住，说：'你到外边去可要乖些，不要不听人的话。'我听了她的话，也觉得难过，所以就同她哭了一场。"
>
> 秋英听了这话，也觉得有些心酸，她的眼睛，便红了一圈，

呆呆地对江心的风帆看了一忽,她就催诗礼回去,说:"我们回到家里去吧,怕妈妈在那里等我。"秋英听了诗礼的话。见了江心浮着的那载人离别的飞帆,就也想起她家里的母亲来了。

时间不声不响的转换了。原上的青草,渐渐繁茂起来,树木的枝叶也从淡的新绿变成苍苍的深色。钱塘江的水量在杀信的时候,一直减了下去。平时看不见的蛤蚌的躯壳,和贴近江底的玲珑的奇石,都显现出来。晴天一天一天地连续过去,梅雨过后的炎热,渐渐儿增加起来了。

五月将尽的一天早晨,诗礼同太阳同时起了床。他母亲细心地替他洗了手脸。又将一件半新的竹布长衫替他穿上。他乘他父亲在那里含着了怒气问答的时候,就偷了空闲跑上秋英的家里来。

诗礼的家住在后面山脚下,从他家里走上秋英的地方,足有五六分钟的路程,要走过一处草地,一条大路。走过草地的时候,诗礼见有几棵蒲公英,含了露珠,黄黄的在清新的早晨空气里吐气。他把穿不惯的长衫拖了一把,便伏倒去把那几棵蒲公英连根据了起来。走到秋英家里的时候,他见秋英呆呆地立在竹篱边上,看花上的朝阳。他跑上秋英身边去叫了一声,秋英到惊了一跳,含着微笑对他:

"你今天起得这样早?"

"你也早啊。"

"衣兜捧着的是什么?"。

"你猜!"

"花儿"

"被你猜着了。"

诗礼就把他采来的蒲公英拿出来给她看,这原来是她最喜欢的花儿,所以秋英便跑近他的身来抢着说:

"我们去种它在园里吧。"

两人把花种好之后,诗礼又从他的袋里拿出了几颗圆洁滑润的石子来给她说。

"我要上杭州去,用不着这些圆石子了,你拿着玩吧。"

秋英对他呆看了一眼说:"你几时上杭州去?你去了,我要圆石子做什么、和谁去赌输赢呢?"诗礼把圆石子向地上一丢,也不再讲话,一直的回家去了。秋英呆呆地看他跑回去的影子渐渐儿的小了下去,她的眼睛忽而朦胧起来,诗礼刚讲的"我要上杭州去"的那句话同电光似的闪到她小小的脑里的时候,她只觉得一种凄凉寂寞的感觉,同时也似的压上她的心来。

呆呆地立了一会儿,她竟放大了声音,啼哭起来了。①

两个人忘记了时间的存在,在月光的相伴下,无言地相对。不知过了多久,她语调轻缓地说:"今晚上你在喝酒?""是的,是在学堂里喝的。"她的话语声听来亲热,如同那几杯酒。郁达夫冷静下来,松开她的胳膊,在旁边上的椅子坐下。一问一答,潜伏难言之情。月光从门外挤进一缕,铺在门口上,她又问郁达夫,"明天你就要上杭州去考中学去吗?""嗳,是的,明朝坐快班船去。"赵家女孩说过之后,又是难耐的沉默,空气犹如凝固一般。郁达夫挨在她的身边,感受细腻的皮肤。不知坐了多久,门外响起她母亲和女仆的声音,赵家女孩子忙着点洋灯。

---

① 郁达夫著:《春潮》,引自《郁达夫小说全编》,第193页,南京:浙江文艺出版社,1989年版。

她母亲放下买的东西,看到郁达夫高兴地道贺,他调整情绪,告诉赵家女孩的母亲,明天将到杭州上学。赵家女孩的母亲回来,气氛迅速改变,随便说几句客套话,郁达夫便匆忙告辞。

踏着月光回家,郁达夫回味发生过的事情,门外的月光是同谋者,鼓动他们产生一点故事。两个人相对的恍惚,潜沉在心里,淡淡的情感,弥漫春水一样的愁绪。

这一次经历不能称为初恋,却说明郁达夫进入青春期,萌生对异性的渴望之情。同时也使他摆脱胆怯的心理,由害羞变成大胆地追求。

漂泊在孤独中

母亲拿着灯笼走在前面,
祖母的目光中流露出不舍的情,平常觉不到什么,一下离家这么远,
相依为命的三代人,各自怀揣不同的心情。

郁达夫是在祖母的念经声,母亲的呵护中长大的,家是温暖的摇篮。他背着行李,年纪不大就离开家乡,开始人生的漂泊。富阳到杭州旱路九十里,走水路一百里。在那个年代,还没有公路不通汽车,来往钱塘江的是带帆的木船,见不到小火轮。去杭州一趟,乡下人兴奋好几天,杭州是遥远的地方,到了那里如同去天堂走一次。如果真到杭州,家里就会变得隆重热闹,先得供祖宗,祭拜一番。请求祖宗在天之灵,保护他们的子孙,一路上平安无事。去杭州是一件大事,邻里乡亲有一种风俗习惯,不管谁家的人出门,必须都来送行。吃过晚饭后,手中提着一盏灯笼,柔弱的光线映照下,小路飘浮一团光亮。人影映落地上,大家跟在后面,沿江边行走,一直送到埠头。月光下的夜航船

郁家三兄弟

郁华（1884—1939），

字曼陀，浙江富阳人，郁达夫胞兄。著名的爱国法官、法学家。1939年11月23日上午，在上班途中遭汪伪特务枪击身亡，成为民国司法界在抗日战争期间为国捐躯的第一人。1952年经中共中央人民政府批准，追认为革命烈士。

神秘，使旅程弥漫着伤感，分离将人心扯得疼痛。出门人踏上连接岸边的跳板，岸边的人挥舞手，大声叫喊"顺风！顺风！"送行的不舍之情，被江水冲走，他们才各自回家。船准备出发前，摇夜航船的船夫，站在船头，对着夜空下的江面大喊几声。血性的声音，瞬间让夜色吞噬，他说船要开了，然后还要来到舵梢，去烧一堆纸，火焰在夜空中窜动，烧纸味和水湿气在船上飘荡。船家信奉神明，求神保佑，驱散恶鬼。郁达夫看到火焰和烟气，在船夫的脸上飘忽，望着这一情景，船还没有启航，愁绪就已纠缠心头。郁达夫赴杭州上学的那一年，交通有了明显的改善，除了每天的夜航船之外，多增一次白天的快船。

郁家兄弟仨人天各一方，难得见一面。他的长兄东渡日本留学，二兄入杭州的陆军小学堂。他们很少有时间回家，长年在外面，二老要看守家，又是女流的缘故，不能送郁达夫到杭州考中学，护送的重任落到亲戚中的一位老秀才的身上。老秀才生活在封闭的县城，很少去这么远的地方，他读太多的黄页书，迂腐不说迷信的令人吃惊。

吃完早饭后，老秀才带领郁达夫，先上祖宗堂前头上香烛，虔诚地行跪拜礼。郁达夫的头触碰到地上，突然想起父亲，感觉自己长大了。在祖宗堂里和先人告别，仪式不但是形式，也是宣言和怀念。郁达夫的心情复杂，他向祖母和母亲作了三个长揖。阳光洒在院子里，鸟儿的叫声不时地传来。去远方求学，对于郁家是大喜事，大白天中，他们"点起一盏仁寿堂郁的灯笼"，一个"郁"字，表达二老的情感，既是向祖先的告慰，也是让郁达夫记住家，灯笼透出的光，涵盖太多的温暖。母亲拿着灯笼走在前面，祖母的目光中流露出不舍之情，平常觉不到什么，一下离家这么远，相依为命的三代人，各自怀揣不同的心情。郁达夫整理东西时，想到离别家乡，告别祖母和母亲，闯荡外面的世界，心中满是不舍。老宅里剩下的两个女人，也对小孙子变成思念的期盼。几天前，祖母的愁绪写在脸上，吃不下饭，不大说话。母亲送郁达夫到了大门口，嘴里不停地说"一路要……顺风……顺风！"母亲平时够坚强，遇到任何难事能应付，今天说话的语调变了，她未说完话，就跑回屋里不再送儿子。墙壁挡住阳光，挡住儿子的身影。郁达夫只有十四岁，小小的年纪去远方求学，在陌生人的屋檐下生活，母亲舍不得他，心疼如刀剜一样。儿子出远门图个吉利，她不想让眼泪，使儿子一路悲伤。

船离开岸边，家乡的山川，城市的建筑甩在身后。上学是一件好事情，给郁达夫带来美好的希望。船刚离开家，他沉浸在兴高采烈的情绪里，坐在船舱里，对一切满怀好奇，船顺流而下，江水流动的声音，桨橹搅动泛起的浪花，触动他的心。县城边上的几户人家逐渐变成墨点时，他的鼻子里一阵酸溜溜的。郁达夫和老秀才交流作诗的话头中止，什么兴趣都没有了，折磨人的东西浮现。郁达夫为了掩盖自己的脆弱，不想让老秀才笑话，从网篮里拿出《古唐诗合解》。他想借读书摆脱滋生的愁绪，然而事情偏偏找上门，随手翻到的那一页，恰巧是"离家日趋远，衣带日趋缓，心思不能言，肠中车轮转"，这几句古诗，仿佛专门为他准备，泪水控制不住地涌出，书本上的字迹变得模糊。郁达夫和痛苦较劲，他靠在行李上装作睡觉。听着流水声，送来过去的情景。眼前晃动祖母和母亲的形象，以及他走后的老宅中，那一种孤冷的情形。故乡的小城，依然日出而作，日落而息,生活犹如奔腾的江水,日夜不息地向远方。人们继续为生存操劳,只是少了郁达夫上学路上的身影。

我读到郁达夫偷哭的情景,看着他被分别催熟的泪水,心中五味杂陈。冬天的太阳隐在灰黯的云里,郁达夫在叙述的文字里,捕捉瞬息变化的自然景色,烘衬人物的感情。

郁达夫躺在那儿,闭上的眼睛,流淌出许多泪。哀伤的折磨,使身体疲惫不堪,不久就熟睡过去。老秀才摇醒他,叫他起来吃饭,船经过渔山,进入钱塘的地界。睡了几个钟头,又吃一顿饱饭,不断更换的景色,冲淡离愁别绪,少年的心容不下太多的苦难。风涨满白帆,船只加快速度,可以望到杭州的高山。郁达夫和老秀才谈诗,谈未来的日子,他被想象鼓起一腔热情:"杭州在望了,以后就是不可限量的远大的前程!"那个时代的入学考试,还是比较容易。郁达夫考的杭府中学是杭州的第三个中学。其他的两个学校是宗文和安定,杭府中学最难考。考试对于郁达夫并不难,"但一篇中文,两三句英文的翻译,以及四题数学,只教有两小时的工夫,就可以缴卷了事的。"考完之后,等待发榜的几天闲待,第一次来杭州,自然落得四处玩玩。杭州对于富阳县城是遥远的地方,自古又是美丽的风景区,西湖郁达夫听到过无数次,来到这里不得不游。

记得从钱塘门里开始,到城西涌金门内有一道高墙,围出一个小城,这里住的满人,是绿营兵驻防的地方,当地百姓管它叫旗营。普通人不能进去,大门重兵把守,郁达夫透过大门向里观望,他说"因为将军以下,千总把总以上,参将,都司,游击,守备之类的将官,都住在里头。游湖的人只有换了轿子,出钱塘门,或到涌金门外去乘船的两条路;所以涌金门外,临

西湖佳景

西湖全图，据1750年刻本《西湖佳景》湖上扶摇子 撰

湖的颐园三雅园的几家茶馆，生意兴隆，座客常常挤满。"

三雅园是一家茶馆，内部陈设漂亮精雅。一年四季摆设鲜花，墙上和进出的门，挂有吟咏西湖的诗词和对联。游玩客人能吃到风味特色小吃，煮的豆腐干，精致的白莲藕粉等，价格不贵，又是物美的消闲食品。城隍山是必须去的地方，四景园人多热闹，生意红火，比三雅园还要好。"城隍山上去吃酥油饼"这一句俗话，是人们总结出的赞美之称。酥油饼的价钱不便宜，味道具有地方特色，"和吃不饱的几种特性"，这是人们知道的事实。

郁达夫初到杭州，有说不出的高兴，每天和老秀才，还有他二哥泡茶馆，喝一顿茶，然后去爬山。一阵无忧无愁的享受，等到发榜那一天，需要缴入校费，带的钱早已消费许多，这一点钱不够了。人生地不熟的杭州，借钱不知去哪儿借。二哥在陆军小学，每月发的两三元钱津贴，自己勉强做零用，无余钱添补郁达夫。钱难倒郁达夫，躲在旅馆里唉声叹气，望着窗外的天空，回到远方的家，想一想不如废学回家。

初来杭州的兴奋消失，人仿佛从高处跌落入地上。同班毕业的三位同学，他们一块来到杭州。郁达夫走投无路，苦心找出路时，他们因为杭府中学的难考，学校费用也贵。大家盘来算去，商量半天后，决定投考嘉兴进府中学。大家给郁达夫算一笔账，他手头的钱在杭州读，不够半年书杂费，若上嘉兴就读，包括来往的车费在内，可以维持半年，而且还有富余。一算明白账，便有勇气敢闯荡。郁达夫不愿多待一天，准备同他们一道投考。

第二天早晨，郁达夫告别二哥，辞别老秀才，他和同学们登上火车，就这样到嘉兴府求学。

富阳市郁达夫中学

1957年创办,是一所以现代著名作家、革命烈士郁达夫名字命名的学校,位于富春江畔,是富阳初中建校最早、文化底蕴最厚、师资力量最强的学校之一。

家在远方,晚上寝室的油灯熄灭,操场上一片黑暗,一个人坐在边上,目光被黑暗吞噬,思家的泪水不知流了多少。

思念折磨人,它使人过早地成熟。离家的日子是煎熬的,人们常用"度日如年"比喻离别的痛苦。郁达夫将这段时间,称为"在孤独的悲哀里沉浸了半年",暑假中郁达夫回到家,人们说他长成大人了。

事实上,因为在学堂里,被怀乡的愁思所苦扰,我没有别的办法好想,就一味的读书,一味的做诗。并且这一次自嘉兴回来,路过杭州,又住了一日;看看袋里的钱,也还有一点盈余,湖山的赏玩,当然不再去空费钱了,从梅花碑的旧书铺里,我竟买来了一大堆书。

这一大堆书里,对我的影响最大,使我那一年的暑假期,过得非常快活的,有三部书,一部是黎城勒氏的《吴诗集览》,因为吴梅村的夫人姓郁,我当时虽则还不十分懂得他的诗的好坏,但一想到他是和我们郁氏有姻戚关系的时候,就莫名其妙地感到了一种亲热。一部是无名氏编的《庚子拳匪始末记》,这一部书,从戊戌政变说起,说到六君子的被害,李莲英的受宠,联军的入京,圆明园的纵火等地方,使我满肚子激起了义愤。

还有一部,是署名曲阜鲁阳生孔氏编定的《普天忠愤集》,甲午前后的章奏议论,诗词赋颂等慷慨激昂的文章,收集得很多;读了之后,觉得中国还有不少的人才在那里,亡国大约是不会亡的。而这三部书读后的一个总感想,是恨我出世得太迟了,前既不能见吴梅村那样的诗人,和他去做个朋友,后又不曾躬逢着甲午庚子的两次大难,去冲锋陷阵地尝一尝打仗的滋味。

这一年的暑假过去,郁达夫不再是初来杭州不明事理的少年。在嘉兴的日子里,他磨炼的有思想,自己能拿大主意。经过一番衡量,决定不再回嘉兴,所以秋天开学,他重新来到杭州,进入杭府中学的一年级。

他的绰号叫"怪物"

书中得到的不仅是快乐,
而且有一盏引路的明灯。

　　杭州城里外湖的荷花,又到凋落的季节,堤岸边上的杨柳,影子不似夏日浓阴匝地。残蝉叫得凄凉,天上的云淡了,秋天悄然来临。七月一天的下午,郁达夫扛着行李,再一次来到杭州。郁达夫不算正式入学,是插班进去的学生。所以在课堂上,同班的老学生们,对于他根本瞧不起,一副不屑一顾的样子,想尽办法欺负他。郁达夫年纪不大,经历的事情不少,这点小计谋已经习惯。从嘉兴府中求学,现在转到杭州府中,离家近百余里的路程。但一切的人与事,需要自己应付,孤独的影子无法甩掉。郁达夫找到解决的方法,收藏起热情,丰富内心的世界,固守自己的人生理想。

　　学堂里的课程,英文是重点科目,国文占大部分的比例。桐城派的王老先生教授国文,他布置几次作文,发现了郁达夫的写作才能。他插班不到一个月，同学们给他起了"怪物"的绰号。在他们看来，郁达夫性格孤僻，不善交际，衣装朴素，他是不"洋气"的乡下人，做文章却有独特的风格。

郁达夫的同学中穿戴时尚、皮肤保养得细白、举止言谈娴雅、谈吐温存的同学，不知道有多少。杭州府中的风气很怪，这个年纪疯狂地追女孩子。有几个男同学，竟使自己搽粉涂香，说话拿腔撇调。郁达夫看不惯，觉得阴阳怪气，男人就是男人，女人就是女人，弄得阴阳混杂。生活的环境恶劣，郁达夫自然敏感，逃离同学们的圈子。他表现出厌恶感，这么一来，"怪物"之名正好相符。在同学们中间，绰号越传越广，郁达夫和他们之间，竖起厚重的墙壁，不是被推倒，反而越堆越高。

郁达夫不入任何的帮派，是一个孤独分子。他把所有的精力用到读书，这是唯一的出路，他省下钱到书铺，在买旧书中发现乐趣。

那时候，杭州的旧书铺，都聚集在丰乐桥和梅花碑的两条直角形的街上。每逢礼拜天的午后，他老是到那里去散步。有一天他在一家旧书铺里，买了一部《西湖佳话》和一部《花月痕》。这两部书是达夫有意看中国小说的时候，最初接触的两部小说。《西湖佳话》中的各篇短篇，他起码读了两遍以上。他在这个时期，差不多读完了大部分的中国小说。因此有人说他的小说，得力于《石头记》和《花月痕》；他的诗，得力于《桃花扇》和《燕子笺》；他的散文，得力于《三国演义》和《水浒传》，这并不是毫无根据的说法。他自己也说过，真正指示他做诗词的门径的，是《留青新集》里的《沧浪诗话》和《白香词谱》。

既然与这些书籍发生了关系,自然不免会动动笔尖,在作文簿上,接二连三地写些满纸稚气的歌不像歌、诗不像诗的东西。东西写得多了,积聚得也多了,第二步自然是向各报馆匿名投稿。一封信寄出之后,他当晚就睡不安稳;第二天一清早起来,就跑到阅报室去看报有没有送来。他第一次投稿是一首模仿宋人的五古,居然被当年的《全浙公报》采用了。他的投稿起初当然是用的假名,东一个西一个的,一直继续了两三年之后,看看投稿有了七八成录取的把握,才老老实实地用了原来的真名实姓。在四五十年前的《全浙公报》《之江日报》和上海的《神州日报》,还可以找到达夫的在中学时代写的作品。①

每到星期天的早晨,郁达夫不必匆忙赶时间上课。赖在被窝里仰卧在床上,望着窗外的天空,一朵浮云,一只飞鸟,带来无尽的想象。他计算一周省下的钱,能做什么事情,买几本便宜有用的书。郁达夫兜里羞涩,有时徘徊在书店门前,待得太久了,甚至来不及回宿舍吃午饭。他拿着书籍,找一家小面馆,吃一碗清汤面,他心疼几个铜子。但对自己要求严格,不饿肚子可以,碰到好书却想尽办法买回来。青春期大量的阅读,使他打下文学的功底,寻找出一条人生的道路。

杭州求学时期,疯狂地阅读,帮助郁达夫度过了寂寞的日子。书中得到的不仅是快乐,而且是一盏引路的明灯。古人说"书中有黄金",这句话在他身上得以表现。郁达夫在嘉兴时,尝试过写稚气的五七言诗句,写满红格子的作文簿。写得兴奋后,失眠不能入睡,睁着眼睛数星星。

夜晚睡不安稳,被梦打乱睡眠,第二天起来,郁达夫跑到

---

① 温梓川著:《郁达夫别传》,第31页,银川:宁夏人民出版社,2006年版。

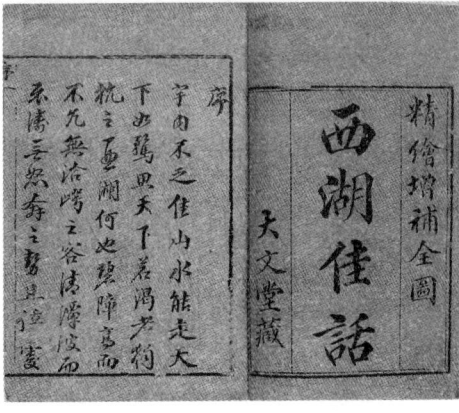

上：梅花碑
左下：《西湖佳话》
右下：《花月痕》

阅报室，看当天的报纸来没有。吃饭填饱肚子，舌尖来不及品尝滋味。在课堂上听着先生讲课，郁达夫经常溜号，无心思听讲。下课的摇铃一响，他第一个目标，便是阅报室。

1909年，那一年的冬天，留学日本的大哥回到北京，进入司法部工作。毕业于陆军小学的二哥，参加标统底下的旁系驻防军队，当了一名低级的排长。一奶同胞的两个哥哥，走的路不相同，各走自己的人生道路，他们的官虽然不大，却在富阳县引起不大不小的轰动。郁达夫的家祖宗积德，两个男人荣光耀祖。家里的经济比过去宽裕，但郁达夫花销大，他正在求学，使家里不得不花费另一笔钱。

郁达夫在外上学期间，他在几家报纸上刊登诗歌，认为自己的学识，超出同龄人一截。郁达夫和同学之间的话语少，缺乏交流阻碍了相互的了解，他不愿意和他们在一起，觉得浪费读书的时间。1910年，春季开学前，郁达夫收集一些招考新生的简章。

郁达夫遇事有主见，他比较学校的条件，经过一番研究，被各种新课程吸引住，想一口气读完简章所定的大学及中学的课程。郁达夫很自信，他在心中盘算，中文自己可以对付，科学是被社会所不看重的。他感觉到英文将来的重要，他认为这是弱项，今后时代发展，要想走得远，出国留学不会英文不行。

郁达夫不轻举妄动，不会一时心血来潮，深思熟虑过后，他心里说："好！就专门去读英文罢！英文一通，万事就好办了！"，好像幼稚可笑的想法，郁达夫却相信自己的决定，他坚定地离开正规的中学，进教会学堂走一条捷径的路。

郁达夫的自传作品作为中国20世纪二三十年代自传创作潮

流的重要组成部分，无论是思想内容还是艺术风格都明显受到了诸多地域因素的影响。二三十年代沿海地区的自传出版潮流激发了郁达夫的自传创作欲望，这是郁达夫自传创作的主要动因。而影响郁达夫自传作品的艺术风格和思想内容的是近代浙江的思想变革，以及浙西柔美的"水性"文化和20世纪早期日本社会的文化。前者作为郁氏的故乡，它的影响具有深层性；而后者不仅培养了他良好的文学素养，而且深刻影响了他的个性。二者共同造成了郁达夫自传作品求真求善、浪漫感伤的艺术特点。①

清朝末年，杭州城里势力大的教会学校，有英国圣公会，还有美国长老会浸礼会的几个学校。美国长老会办的育英书院，在山清水秀的江干修建新校舍，改名称为大学。毛头小子郁达夫，虽然头脑装着书本知识，却并不真正了解社会。"大学"两个金字组成的招牌是美丽的陷阱，诱惑他兴高采烈地踏进。崇拜和现实是一对矛盾体，互相伤害，具有强大的对比落差。郁达夫带着满怀的希望，以为上大学是最光荣的事情，是他人生重要的时刻。事与愿违，郁达夫进去之后，让失望的大棒打得晕头转向，不知应该往什么地方走。这里虽然改变了省立的中学环境，但无形中的东西是一样，读死书更加多。

每天清晨，起床的第一件事是祷告，吃饭后又是祷告。九点到十点钟是礼拜仪式，接着又是祷告。《圣经》是必修的重要课目，礼拜天的上午，除得重病实在不能行动者外，任何人必须做礼拜。做完礼拜以后，自然又是祷告，又是查经，生活被上帝充斥，强迫着灌输进神经，几乎使精神崩溃掉。

---

① 刘茂海著：《是颓废还是辉煌——郁达夫作品的思想与艺术》，第127页，银川：宁夏人民出版社，2006年版。

郁达夫称"这种叩头虫似的学校生活",叩头不是尊崇,而是虫子一般。这样的日子,过上不到两个月,学校的一位解放福音的宣播者,从免费读书的候补牧师中间,鼓动起学潮。事情的起因缘于厨子殴打了不信教的学生,而校长却偏袒了厨子。

学校闹起罢课的风潮,经过一阵斗争,结局差不多一样。全体学生的罢课,中间是背盟者的复课,最终,几个不服的强硬者被开除学籍。

学生们闹腾一段时间,人们将怨气发泄出来,不知是好事,还是坏事。闹学潮中,郁达夫积压在心里的情绪,和同学们形成力量。他不满足于在一旁的观看,年纪不大却成为了参与者。

"大风圈外"的零余者

躺在家中的床上,白天在江边找一块安静的地方,
伴着江水的流淌声,读自己喜爱的书。
郁达夫快乐的有飞翔的感觉,
那一刻的心情,多少年不能忘记。

  郁达夫离开家乡,一个人遇到大小事情,身边无人商量。小小的年纪,在人生的道路上经受磨砺。郁达夫在杭州求学的过程不顺利,很多事情较劲,经历使他过于早熟,这不仅指生理,重要的是心理的成长。从那所教会学校退学,外面人认为被赶出校门,品质有问题的学生。这个名声传播速度快,郁达夫和被开出的几位同学,本以为杭州无处容身。准备夹行李卷,回到江边的小县城,疗治受伤的心灵。让他们绝想不到,另一所浸礼会的中学,反而热烈欢迎"造反"的斗士,以优待的条件接纳他们。这所中学的美国校长,是一个精明透顶的人,郁达夫说他"非但态度和蔼,中怀磊落,并且还有着外国宣教师中间所绝无仅见的一副很聪明的脑筋。"这样人的唯一缺点,

就是用人不当。教务长是一位绍兴人，他的身上表现出国人的劣根性，遇到上一级的人，点头哈腰，一副奴颜婢膝的样子。遇到部下和外人，趾高气扬，从不多看一眼。

学校内的空气，表面看不出什么，在自修室和寝室，同学们议论纷纷，对教务长的为人做事不满。积怨的情绪在背地运行，等待爆发的机会，对"奴颜婢膝"的家伙的恨，人们寻找根源。郁达夫对于这样的人事，有更多的斗争经验，最后的祸首当然是洋狗校长。

"吃吃狗肉看！"

"顶好先敲他一顿！"

同学们聚集一块，对学校怪现象深恶痛绝，拿语言惩罚两个害人精。背后咒骂的人多，无人敢于站出来，向学校当局挑战。学校的空气紧张，同学们一肚子的怨愤越积越大，找不到合适的办法，只好在纸上，指桑骂槐地发牢骚。

孤独，从人类的社会构成以来，大致可以说不是先天的吧，但孤独却又是普遍存在的。而作者的自传，孤独简直是贯穿九篇的纵线。他自出生、孩提、入学，由小学而中学，以至东渡留学，虽然在各个阶段，他找过同伴，恋过异性，说明他也有着摆脱孤独的本能愿望；虽然作者还带着快慰的口吻，说孤独也带给他大量读书等的乐趣，显然这不过是缄默者的苦笑，不甘心的自嘲；虽然自传各篇叙述了各个阶段的不同原因，但百途归一，孤独始终是伴随着他的阴影。如果允许像摄影机样拉远镜头，在更广阔的视角里纵观，则不仅自传所撰述的年代是这样，他写作自传的年代也是这样，甚至不妨说他的最后年代还是带着孤独的阴影离开人间的。如果得以像分析化学一样分离原子结构，则各个阶段、各种年代的不同原因之中，是否也可以提炼出一个共同的东西来？自传的第六篇《孤独者》和第七篇《大风圈外》，作者向读者展示的，似乎正是痛定后思痛的东西。①

郁达夫后来回忆，那时每个班的作文课，不管题目布置什么，大家满纸的呜呼，一时呜呼变成流行词。郁达夫说道："有几位同学的卷子，从头至尾统共还不满五六百字，而呜呼却要写着一两百个。"教国文的老先生批改作文，通过文字的表达，读出一些东西来，他实在没有法子，下了一道禁止令，以后不准读，不准做"呜呼派"的文章。

这种情绪难以靠命令压制住，"呜呼"的流行，不是青年人喜欢的时尚词，而是无声地反抗。沉默中涌动爆发的力量，同学们对不平的怨愤，奋起压迫的悲啼，人们等待山雨欲来的风暴。一道院墙隔不断外面的世界，这些现象，不止一个教会学校的实情，学校以外的各阶层社会，也像是"在大浪里的楼船，从脚到顶，都在颠摇波动着的样子。"

郁达夫"大风圈外"的零余者，他感觉到什么，又说不清楚，刚进入青春期的人，被社会的苦闷折磨。郁达夫多少年后，通过一支笔在纸上，宣泄那些迷茫的日子。

愚昧的朝廷，受了西宫毒妇的阴谋暗算，一面虽想变法自新，一面又不得不利用了符咒刀枪，把红毛碧眼的鬼子，尽行杀戮。英法各国屡次的进攻，广东津沽再三的失陷，自然要使受难者

---

① 于听著：《说郁达夫的〈自传〉》，原载《新文学史料》，1987年，第3期。

的百姓起来争夺政权。洪杨的起义,两湖山东捻子的运动,回民苗族的独立等,都在暗示着专制政府满清的命运,孤城落日,总崩溃是必不能避免的下场。"

催促被压迫至两百余年之久的汉族结束奋起的,是徐锡麟,熊成基诸先烈的栖牧勇猛的行为;北京的几次对满清大员的暗杀事件,又是当时热血沸腾的一般青年们所受到的最大激刺。而当这前后,此绝彼起地在上海发行的几家报纸,像《民吁》《民立》之类,更是直接灌输种族思想,提倡革命行动的有力的号吹。到了宣统二年的秋冬(1910年庚戌),政府虽则在忙着召开资政院,组织内阁,赶制宪法,冀图挽回颓势,欺骗百姓,但四海汹汹,革命的气运,早就成了矢在弦上,不得不发的局面了。

这一年的放假之前,郁达夫对学校教育实在受不了,感到特别的绝望。他思想斗争激烈,于是产生大胆的计划,准备回到富春江边的老家,在安静中自学。富春江连接远方,小县城里还是偏僻,郁达夫在外闯荡,见过外面的世界,他觉得回家后,不能隔断与外界社会的联系,必须订一份上海发行的日报。另外家里所藏的四部旧籍不算太多,能够读两三年,中学打下的根底,不会因为离开学校退步。郁达夫做好心理准备,他已经将第三册英文的文法学完,多刻苦用功,要比受压迫的教育好受。尽管自己学习,但是心情顺畅,郁达夫思前想后,为自己订下大胆的计划,开始做准备工作。放年假的前几天,郁达夫去书铺,买了一些自修用的书。等一考完试,他不愿在杭州多待一会儿,冬日的一天,踏着下午阳光,跟随挑行李的脚夫走出候潮门,去江干坐夜航船回家乡。郁达夫实施自己的想法,他对未来充满信心。郁达夫望着脚夫挑的行李,他将结束漂泊的生活,又回到温暖的老宅。躺在家中的床上,白天在江边找一块安静的地方,伴着江水的流淌声,读自己喜爱的书。郁达夫快乐的有飞翔的感觉,那一刻的心情,多少年不能忘记。

"牢狱变相的你这座教会学校啊!以后你对我还更能加以压迫吗?"

"我们将比比试试,看将来是你的成绩好,还是我的成绩好?"

"被解放了!以后便是凭我自己去努力,自己去奋斗的远大的前程!"

这一种充满希望的喜悦,比初次上杭州考中学还要紧张。在家乡自学的生活开始了,然而亲戚朋友的嘲笑,使郁达夫的决心产生动摇,希望逐渐被毁灭。这年他十六岁,面对周围一切的打击,自然产生反抗的心理。他不听闲言碎语,追求独立向往的生活。不管这些人是好意还是恶意,郁达夫用"家里再没有钱供给我去浪费了"这一句话安慰自己。一些人爱管别人的事情,觉得自己人生经验丰富,不放过教育人和体现自我价值的机会。他们怀着善意,劝告郁达夫"在家里闲住着终不是青年的出路",年纪轻轻的不能总待在家里。郁达夫听到这番话,既不生气,也不反驳,只是说"现在正在预备,打算下年就去考大学",一次次地推诿。不管外界怎么样,他有自己的主意,家休将近两年,是他人生独居苦学的阶段。对于郁达夫的一生,却是收获最多,影响巨大的预备时期。

每天清晨,郁达夫睡不了懒觉,起床的第一件事情,不洗脸不吃饭,读一个多钟头的英文。吃过早饭,一直到中午,是

鹳山脚下,郁达夫的家乡。

规定读国文的时间,《资治通鉴》和《唐宋诗文醇》这两部书是课本。下午稍作休息,温习科学的书,走出家门到江边散步,活动一下筋骨,呼吸新鲜的空气。单调的日子,郁达夫感受不到寂寞。书是老师,所有的课程依靠自学,考验他的耐力,他正是好动的年龄,对一切热闹感兴趣。1911年,春天来到了,地上的草绿,江边的垂杨柳拱出嫩绿。富春江的两岸,从水中浮游的鸭子,让郁达夫感受春天的降临。

北方的冬天,难得一个晴朗的日子,我坐在书房中,望着阳台上堆满阳光,一束光爬进窗子里,想跑进书房。我的思绪在过去的日子中,注视郁达夫走在江边,迎来春天的日子:

梅花落后,接着就是桃李的乱开;我若不沿着江边,走上城东鹳山上的春江第一楼去坐看江总或上北门外的野田间去闲步,或出西门向近郊的农村天地里去游行。

附廓的农民的贫穷与无智,经费几次和他们接谈及观察的结果,使我有好几晚不能够安睡。譬如一家有五六口人口,而又有着十亩田的己产,以及一间小小的茅屋的自做农罢,在近郊的农民中间,已经算是很富有的中上人家了。从四五月起,他们先要种秧田,这二分或三分的秧田大抵是要向人家去租来的,因为不是水旱无伤的上田,秧就不能种活。租秧田的费用,多则三五元,少到一二元,却不能再少了。五六月在烈日之下分秧种稻,即使全家出马,也还有赶不成同时插种的危险;因为水的关系,气候的关系,农民的时间,却也同交易所里的闲食者们一样,是一刻也差错不得的。即使不雇工人,和人家交换做工,而把全部田稻种下之后,三次的耘植与用肥的费用,起码也要合二三元钱一亩的盘算。倘使天时凑巧,最上的丰年,平均一亩,也只能收到四五石的净谷;而从这四五石谷里,除去完粮纳税的钱,除去用肥料租秧田及间或雇用忙工的钱后,省下来还够得一家五口的一年之食吗?

不得已自然只好另外想法,譬如把稻草拿来做草纸,利用田的闲时来种麦种菜种豆类等,但除稻以外的副作物的报酬,终竟是有限得很的。

耕地报酬渐减的铁则,丰年谷贱伤农的事实,农民们自然那里会有这样的知识;可怜的是他们不但不晓得去改良农种,开辟荒地,一年之中,岁时伏腊,还要把他们汗血钱的大部分,去花在求神佛,与满足许多可笑的虚荣的高头。

所以在二十几年前头,即使大地主和军阀的掠夺,还没有像现在那么的利害,中国农村是实在早已濒于破产的绝境了,更那里还经得超廿年的内乱,廿年的外患,与廿年的剥削呢?

郁达夫的思想超越同龄人,几年的漂泊生活,使他吃了不少苦头,琢磨出很多的道理。远离大城市的浮躁,躲开人际关系复杂的学校,一个人待在家中自学。郁达夫回味走过的路,读书可以明志,让人对世间的看法,发生天翻地覆的变化。每天散步是思考,对于乡村生活的观察,一条小路,一块青石板,一棵柳树,一只水鸟,水上挂着白帆的船,烙在郁达夫的记忆中。使他对大自然的理解,对山水的热爱,有了特殊的感受。书桌上摆着从上海寄来的日报,报上每天的新闻,牵引郁达夫的心思,"忽而英国兵侵入云南占领片马了,忽而东三省疫病流行了,忽而广州的将军被刺了;凡见到的消息,又都是无能的政府,

1911年,辛亥革命爆发,掀开中国民主革命的新篇章。

因专制昏庸，而酿成的惨剧。"

　　一些国内发生的大事，黑体字的标题，挤满郁达夫的眼睛。黄花岗七十二烈士的事迹，四川省铁路风潮的爆发，接二连三的大事，冲击古老的小县城。街上出现敲着铜锣，叫卖当天报纸的小贩，他们天天从杭州来。郁达夫说，"脸上画着八字胡须，身上穿着披开的洋服，有点像外国人似的革命党员的画像，印在薄薄的有光洋纸之上"，这些招贴，贴在茶馆和酒肆的壁上，每天在公共空间过日子的老人，喉咙压低，不敢大声说话，皱紧眉头，谈论不理解的国家大事。

　　综观郁达夫的散文创作，自始至终就是循着这一原则构建的。他不加掩饰地向世人展示自己美好的、不可告人的，甚至是相当阴暗的一面，所有的一切在他的文字中暴露无遗，从而形成了自己有别于任何人的"个性"。难怪在《郁达夫精选集》的前言中，桑逢康说，在郁达夫的散文中最活跃的人物就是郁达夫自己。郁达夫的散文，完全可以当成他的自传来看，如《悲剧的出生》《我的梦，我的青春》《水样的春愁》《远一程，再远一程》《孤独者》《海上》《大风圈外》等篇章，无不透露出自己的彼时的生活状况、思想及行为，是其个性化记录自己的真实的文字，这些的文字又比刻意为自己立传显得更率性而为，韵味十足。

　　郁达夫是真男人，他恣肆坦诚，从不回避自己的苦寂、对爱、甚至对性的渴望，对性的描写也几近露骨。在现代作家中，没有谁敢这样将自己最本真的一面暴露出来，尤其是在当时，封建思想依旧占据主导地位时，这样写，等于把自己往道德的反面推,让自己绝迹于主流之外。在《还乡记》《伤感的行旅》《归航》等篇章中,郁达夫写自己偷看女人,寻妓女,听娼妓与客人调情……毫无遮遮掩掩的习气,作者对自己的所作所为,有什么说什么,丝毫不考虑道德的约束和压力。①

郁达夫单薄的身体,有男人的品质,他敢于直面人生,而不是苟且偷生,评论家周明全说他是"真男人"。

富阳县城出事了,夏天一来,西北乡的青洪帮造反。省里急忙派一位旗籍都统,带一队兵马来,抓捕杀几个客籍农民之后,街头巷尾议论纷纷,闹得人心惶惶。各种小道消息,不知从哪一处渠道传播,谣言乱飞,迷信羼杂政治,说得神乎其神。说是每天深夜四更左右,富春江东南方面的天空,出现一颗扫帚星,尾巴拖得很长,光亮刺人眼目。郁达夫不信这玩意,但好奇心驱使他和祖母、母亲,赶在四更起来,披上衣裳去江边,被湿润的风吹得发抖。接连看了几夜,只有江水的流淌声,和冷得发抖的身子,连个扫帚星的影子看不见。

阴历的七八月,四川的铁路风潮越闹越凶,各种谣言的传播,在县城交织,形成强大的语言压迫。有的说得神秘奇异,大白天听后,人怕得打冷战。郁达夫的家里,被小道消息掀起一个个波澜,两个老人想起远方供职的孩子,心中实在担惊受怕。

母亲让郁达夫给哥哥们写信,催促他们回来避难,急信发出后,家人每天盼望回信,却不见一点音信回复。郁达夫无心读书,望着二老的脸色,她们年龄大了,经受不起过于忧虑的折腾。郁达夫每天到江边,看着驶往省城的船,惦念着哥哥们的安危。

---

① 周明全著:《郁达夫散文的情怀》,原载《文艺报》,2012年6月18日。

郁达夫长大了，不愿意在老人面前表现不安的心情。他夜里躺在床上，失眠睡不着觉，眼前出现令人恐惧的画面。等待令人难熬，每天渴望送报的人能带回哥哥的消息。秋天来了，季节传递凄凉的寒意，窗外的喇叭声音响起，他急忙爬起来，慌乱地穿衣裳。他跑到门口探听消息，是不是革命党来到了。白天在江边，看到兵船一只只地驶过。洋货铺里卖的五色布匹，很快地销售出一大半。阴寒的下午，郁达夫记得清楚，几只挂白旗的船从杭州驶来。从船上下来几十个穿灰色制服，荷枪实弹的兵士，在江边岸上格外显眼。不知有多少双眼睛，躲藏暗中观望，县城里的知县闻风而逃。郁达夫在报纸上读到，上海城已被民军所占领。商会中的巨头，几个有声望的绅士，以及一位贰尹，联合贴出告示。当地举办了一场欢迎大会，迎接穿灰色制服的兵士，各家各户挂上五色的国旗，表明自己的立场。这几位兵士改变一个时代，一面小旗保佑平安，平稳地脱离满清的朝代。

目睹社会的变迁，面对风雨飘摇的时代，捏起笔不知如何投入。郁达夫选择"大风圈外"，比喻自己的心境。

没有舵楫的孤舟

郁达夫听着马蹄声，似乎踏在心上，
他将离别祖国漂泊海外，前面什么样子，无法想象和预测。

  郁达夫到富春江边散步，这是每天的功课，大自然使心沉静下来，思考自己的未来与人生的路怎么往前走。
  眼看着革命过后荡起的余波，到了小县城里发生太多的是非。恬静的小县城，突然变得不安宁。一半人充满希望，另一半人对此满腹怀疑，革命闹得人心不定，生活增添了这种因素，使得人心也变得不一样。待了两个夏天，身心得到恢复，青春燃烧的激情，对远方的渴望，不断地骚动年轻人的心。这一年的秋天，郁达夫忍耐不住，他的心跟随江水流向远方，那是什么地方，自己也说不清楚。还没有整好出发的行李，心里早已准备完成，只等待合适的机会启程。
  1913年秋天，郁达夫在北京供职的哥哥，被政府派赴日本出国考察，郁达夫等来机会，从此开始一生的漂泊。郁达夫跟随哥哥东渡日本求学,一下子跨越大洋,度过另一种生活。

天凉爽了,接连几天雨下个不停,吹散凝滞的残暑。九月下旬的一天,早晨天空晴朗,郁达夫带了几册线装的旧书,穿着一套半新不旧的夹服,跟随哥哥离开家乡。

来到繁华的大上海,街路两边的洋梧桐,被秋天渲染得枯黄。黄昏时的街头,租界地上的居民,身上的衣服不那么单薄,他们感受到了微凉的秋意。郁达夫在家享受温情暖意,一旦离开家乡,他便是孤独者,漂泊天边的无家人。呆立在"一品香"旅馆,朝西的阳台上,面对人流如潮的街道,他承受不了陌生环境的侵扰,也无法体验大城市夜晚的诱惑。

高大建筑上的灯火楼台,街上来往的马龙车水,想到富阳小县城的人们生存的状况,"上海原说是不夜之城,销金之窟,然而国家呢?社会呢?像这样的昏天黑地般过生活,难道是人生的目的吗?金钱的争夺,犯罪的公行,精神的浪费,肉欲的横流,天虽则不会掉下来,地虽则也不会陷落去,可是像这样的过去,是可以的吗?"这些大问号,压迫着郁达夫使其不快乐。他只有十七岁,还不算是成年人,但他的脑子里,却思考着不符合年纪的问题。

郁达夫在上海举目无亲,他每行动一步,都要听从哥哥的安排。身后房间里,哥哥和几位朋友东拉西扯,谈得激情飞溅。吃完晚饭有人做东,请大伙去看戏,郁达夫就跟随他们一同前往。

那时候,梅兰芳在国内还没有出名,对于男扮女装的旦角,上海的舞台上才刚刚出现。那一天晚上,压台名剧是《棒打薄情郎》,这是贾璧云的拿手风头戏。郁达夫一行人到戏院,楼上楼下坐满观众,找一个好位置实在困难。四周女性搽粉喷香水,

日本名古屋八高求学时的郁达夫

使郁达夫这个乡下青年，按捺不住情绪，感到身体里的冲动。

戏院留给郁达夫的记忆，是一生都磨灭不了的。他在传记中写道："最后的一出贾璧云的名剧上台的时候，舞台灯光加了一层光亮，台下的观众也起了动摇。而从脚灯里照出来的这一位旦角的身材，容貌，举止与服装，也的确是美，的确足以挑动台下男女的柔情。在几个钟头之前，那样的对上海的颓废空气，感到不满的我这不自觉的精神主义者，到此也有点固持不住了。这一夜回到旅馆之后，精神兴奋，直到早晨的三点，方才睡去，并且在熟睡的中间，也曾做了色情的迷梦。性的启发，灵肉的交哄，在这次上海的几日短短逗留之中，早已在我心里，起了发酵的作用。"

合情合理，独白确实别具一种能力，能将最秘密的那层昏暗揭开，在那昏暗当中，所有决定都还像小小的清泉一样。但有朝一日，人们将必须停止过于高估话语。人们将认识到，它只是连接我们灵魂的岛与共同生命的大洲的众多桥梁之一，也许是最宽阔的一座，但绝不是最美的一座。①

里尔克说的独白，不是舞台上的话剧独白，是生命的对话，它揭示灵魂的独语。郁达夫记录当时的情景，不为了写作，而是为了掩藏心灵中隐私的一处。有时人生中不太经意的情节，却能影响一生的结局。

这是一次长徒旅行，漂洋过海东渡，到陌生的国家学习。临行前哥嫂要准备食品和杂物，还要购买船票。接连忙了几天，哥哥还必须应酬人情往来，琐碎的事情耗费许多的精力。每天

---

① ［奥］莱纳·玛利亚·里尔克著：《永不枯竭的话题——里尔克艺术随笔集》，第93页，北京：东方出版社，2002年版。

弄得疲惫不堪，躺在床上，身体如同散架一般。这段经历对于今后的生活很重要，使他更多的了解人与社会应当怎样应对。日子悄然流逝，出发的日期一天天接近，终于在一个清晨，郁达夫和哥嫂，还有其他同行者，乘坐一辆马车，驶向杨树浦的汇山码头。时间太早，城里的人沉睡梦中，马路上行人稀少，太阳露出一缕光线。郁达夫听着马蹄声，似乎踏在心上，他将离别祖国漂泊海外，前面什么样子，无法想象和预测。他觉得自己是一个浪子，"我在精神上，还觉得是一个无祖国无故乡的游民。"

太阳冉冉地升高了。"长崎丸"轮船慢慢驶离了上海杨树浦汇山码头。经黄浦江，出长江口，像一头巨鲸冲入了茫茫的大海。故国的陆地，本来是由青翠的浅山、金黄色的沙滩、耸立在岸边的灯塔和建筑物组成的立体的画面，随着轮船的渐行渐远，速度加快，渐渐缩成了飘浮在海面上的一条直线，又浓缩成了一个小小的黑点，在海与天的交接处上下跳动着。

郁达夫鹄立在船舱的后部，西望着祖国的天空。红日已经变得白晶晶的了：那一个远远的在波涛起伏中跳动着的小小的黑点，也终于被地平线的空虚所吞没。一切熟悉而又亲切的东西都在眼前消失了。然而郁达夫却一点儿离乡去国的悲感都没有。相反，海天一碧，无涯无际，使他知道了世界原来竟如此广阔！而自由自在飞翔嬉戏的白鸥水鸟，又使他感受到了自由的乐趣。从故国封建的樊篱中挣脱出来，他在精神上得到了莫大的解放。

这是1916年10月上旬。十八岁的郁达夫跟着长兄郁蔓陀东渡日本求学。那时郁蔓陀在北京高等审判厅任推事,被派赴日本考察司法。同行的还有随蔓陀续弦的妻子陈碧岑。

在海上的航行,郁达夫终日立在船楼上,饱吸着天空海阔的自由空气,尽情地欣赏着大海的种种美妙奇景。海上的日出日落,无比壮阔无比壮丽无比辉煌。第一次出海的郁达夫,见到如此壮丽的景象,真像是参加盛典一样。

海水随着阳光的强弱、日夜的交替。变换着各种颜色:有时蔚蓝,有时赤红,有时暗绿,有时浓黑。它们仿佛在预示着郁达夫色彩斑斓而又变幻莫测的前程。夜晚,躺在甲板上仰望那天幕上的秋星,整个身子随着波涛的起伏一起一落,就好像重新回到了婴儿时期,睡在母亲轻轻晃动着的摇篮里。此时郁达夫身心俱净,一切杂念都荡然无存,只有玫瑰色的希望和梦幻占据着他的心灵。被一种强烈的热情所驱使,为一种美丽的憧憬所吸引,他几乎是怀着一种类似于狂欢的心情,任轮船载着他驰骋过波涛的峰顶,奔向那个富有诱惑力的岛国——日本。①

桑逢康在他的传记中,描写郁达夫离别的情景。"冉冉""慢慢""茫茫",我摘出几个词,重新组合排列,表现郁达夫的人生地图。"长崎丸"轮船驶到长崎港口,在小岛纵横的陌生土地,听着日本话,一个漂泊者,走进日本西部通商的海岸,各种声音堆在耳边,人处于烦躁之中。这样的旅途,其实和人生相似,记忆中留下的回忆,旅途中想一些事情,痛苦的也好,幸福的也好,它们丰富生命,不同的场景,不同的年龄,不同的季节,组成一部真实的记录。

---

① 桑逢康著:《郁达夫正传》,第2页,南京:江苏文艺出版社,2010年版。

郁达夫一直认为，自己是"无祖国无故乡的游民"，游民道出内心的感受。在别人的国家永远没有安全感，孤单漂泊的体验，催熟成长的过程。郁达夫的文字中，弥漫着忧伤的情绪，滋生着每一个字。郁达夫每一次离家，心境都不一样，对人生的看法也在变化。

由神户到大阪，经过京都，再去名古屋，一路上有哥嫂陪伴，偶尔有一缕思乡之情，也能很快压抑下去。陌生的土地，异国的风情，边走边玩。他们在东京小石川区一处高台出租屋安顿下来，已经十月将尽，风吹在身上寒气砭人。新的环境，生活起居的方式改变，听不懂一句日本话，沟通特别艰难，全部依靠肢体语言。郁达夫的经济受到哥嫂的监督，一点没有自由。他来到东京几个月中，觉得在无形的牢狱活着。独自坐在窗前，张望窗外的情景，思绪自然地回想，离家别国的思念之情，铺天盖地扑来，越是想甩脱，它如同一场暴雨，将郁达夫包围。

散文创造的独特性不仅仅在其审美境界的高低，还在于主体心灵展示的自由幅度。正因为如此，郁达夫在他的纪游散文中，以其个人的情致，除了去追求空旷疏散的韵致和清新脱俗的笔调外，还凸显出了他的感伤情调（感伤是一种郁积的情感，是一种压抑的情绪。探寻郁达夫纪游散文中的感伤特色，能让我们真切地品味到在郁达夫那个时代，一部分觉醒了知识分子心灵上的孤独与忧思）。郁达夫纪游散文的感伤情调，在其个人话语里主要是通过自然与心境、理想与现实的矛盾和统一而显现出来的。①

---

① 刘茂海著：《是颓废还是辉煌——郁达夫作品的思想与艺术》，第107页，银川：宁夏人民出版社，2006年版。

郁达夫年纪不大就离开家，养成了独立的个性，他不会驯服的在笼子里生活。郁闷的日子中，他左思右想，迅速摆脱困境，唯一的出路便是早一天掌握日语，争取独立的经济来源。那个特殊年代的背景下，中国与日本签订，国立五校开放，约定接受中国留学生。中国在日本的留学生，只能报考这五所学校，一直到毕业为止。留学生每月的衣食零用，有官费可以领，郁达夫思前想后，这年的11月，入了学日文的夜校，进入补习中学功课的正则预备班。

每天不能睡懒觉，五点钟起床，到附近一所神社的草地上，听着树上的鸟儿叫，呼吸清爽的空气，挺起身板，高声朗诵"上野的樱花已经开了"，"我有着许多的朋友"等一些日文初步的课文。八点钟一到，急忙一边吃面包，徒步三里多路，到神田的正则学校补课。郁达夫为自己规定，一天花两角的大洋，在牛奶店里吃午餐与夜饭，晚上接着三个钟头，去学习日文的夜课。

天气一天天的冷了，经常刮北风夹杂雨雪。郁达夫把徒步当作日常的活动，过不多长时间，皮鞋前裂开口，后面磨穿孔。郁达夫在上海做的夹呢学生装，挡不住变化无常的天气，阴冷穿透单薄的衣裳，仿佛身上什么都没穿一样。几年前，一位入过陆军士官学校的同乡，送给郁达夫一件陆军的制服，多亏有了相送的外套，晴天变作外套，雨天成了雨衣，还能抵御冬天的寒冷。经过半年的苦读，郁达夫累得身体透支，留下呼吸系统的病根。

转过年来，夏季招考近了，郁达夫决定考官费的五校，为了保证被录取，他更是刻苦用功，加大学习日语的力度。每晚

日本名古屋第八高等学校

11点睡觉的习惯，一过三月就被自己取消了。郁达夫经常夜读，时间不知不觉地过去，附近炮兵工厂的汽笛响起，上夜班的工人回家，他还没有入睡。

郁达夫的苦读，得到最好的回报。这一年的夏季，在激烈竞争的大考中，他取得东京第一高等学校的入学的一席名额。秋季开学不久，他的哥哥，因为一年的考察期将满，准备回国复命。郁达夫从哥哥的家里搬出，独自迁到学校附近的旅店。八月底送他们踏上回国的火车，第一次领到属于自己的官费。郁达夫开始有自己的经济来源，就这样，他和家庭的脐带被割断。"从此野马缰弛，风筝线断，一生中潦倒飘浮，变成一只没有舵楫的孤舟"，郁达夫渴望经济自主，这一天来到，他感受到另一种滋味。

第二卷

漂泊的浪荡

YUDAFU

斜刮来的雨丝,偶尔钻进车篷中,呼吸湿润的气息,透过雨帘观望青色的草原,烟雨朦胧的树林,水湿的城墙,护城河变得急促地流淌。

郁达夫是一介书生

杭州对于郁达夫是个说不清,道不明的地方,
他命中与这里结缘,太多的欢乐和痛苦,离不开这片土地。

漂泊是写法简单的词组,但在人生的路上却沉重无比。郁达夫经受太多的冷眼和磨难,他对漂泊的理解与常人不同,一个泊字,不但是停留的意思,更多了思念的渴望,两个字道尽人情世态。

郁达夫是书生,不能风光体面的挣大钱,两袖清风的奔回家。车子到了杭州,他花光了往下走的路费。南方的阳光毒辣,一改往日的阴柔,郁达夫暴露太阳底下,无多余的钱雇一辆车,只能步行出城。走路是一种锻炼,对身体有好处,说起来倒是好听,骄阳下缓步前行,绝对是痛苦的事。郁达夫唱的是反调,他说自己"但是在二十世纪的堕落的文明里沉浸过的我,既贫贱而又多骄,最喜欢张张虚势,更何况平时是以享乐为主义的我,又哪能好好的安贫守分,和乡下人一样的跺蹊泥中呢!"

郁达夫走得汗流浃背，抹去脸上的汗水，他感慨多了，触景生情，若是细雨的夜晚，在一家古驿路上的小旅馆，望着荒凉的四壁，守一盏孤灯，能想起什么呢？对家的温暖向往，水一般地包围住漂泊者，使其免受伤害。亲人的话语声，母亲的目光，不时闪现眼前。即使家穷四面透风也好，也是可以放摇篮的地方，那是生命的源泉，即使人死后，也是葬身的处所。郁达夫生病卧床，身边无人照顾，要靠生存的本能，自己看护自己，他的思念疯狂地生长，想要回到母亲的身边疗伤。

阴历六月初三，太阳炎热，街上行人稀少，大树投下的阴匝地，坐着的人不时地摇大芭蕉扇，驱赶凝滞的热气。郁达夫的身体，承受不了热浪的侵袭，对于病者走这样的长路，丝毫无好处。郁达夫勉强行走，出了凤山门，站在城河桥上，视野变得开阔，感受野地的微风。郁达夫拎起"半旧的夏布长衫襟袖"，擦干脸上流淌的汗水，回过头来，看着杭州城上的天空，城墙界上绵延的山岭，心中不尽的感慨。过不了几个小时的船程，便可回到家中，坐在出生的老宅子里。急切得人心意烦乱，顾不上衣锦还乡，只要回去就是胜利。美国人明恩溥在中国待过几年，了解这个民族的文化心理，他在一本书中说：

> 总地来说，中国人没有离家之后打算再回去的，他们的希望永远是衣锦还乡，寿终正寝，最后被葬入祖坟。"在后代的脚下化作泥土"，只要这种命中注定的渴望还继续是中国人的一种原则性情感，那么他们就永远不会采取这种显然能够有效减轻他们的痛苦移民方式。我们相信，中国人大众生活条件的

1919年夏第八高等学校毕业纪念照
（第三排右二为郁达夫）

在东京帝大读书时的郁达夫

安田讲堂

东京帝国大学（今东京大学）重要的学术象徵

真正改善几乎是不可以遥,他们也不会接受任何成规模的迁徙,除非他们相信那是"命"。纵然有许多能引起不满的原因,但一种无意识的意识却阻止了这种不满的发泄。①

落叶归根的念头,是民族的文化心理,一个人遇到坎坷、受伤败退想家,死后认为葬在家乡的泥土里,被后人踩在脚下,绝不飘落异乡。

郁达夫肚子饿得直叫,发出强烈的抗议,干瘦的身子,肚皮饿得干瘪,勉强走到江边,再无什么心思。回富阳的早班轮船开出很长时间,必须坐下午的快船回家。时间尚早,距离开船还有三个钟头,不可能待在江边,在阳光下曝晒,他来到南星桥市,走进杂乱的人群中逛了一会儿。无力支撑下去,口干舌燥,来到江边一条冷清的小巷里,找了一家便宜的饭馆。

郁达夫坐在凳子上,喝了一口水,恢复疲惫的身体。他观察饭馆的布局,觉得和自己的"胸腔一样",数得清条条肋骨。房间里破败不堪,"幸亏还有左侧的一根木椽,从邻家墙上,横着支住在那里,否则怕去秋的潮汛,早好把它拉入了江心,作伍子胥的烧饭柴火去了。"小店只有几张板凳和方桌,缝隙积满灰尘油腻,从细节来看,都是多年前的老东西。一个四十岁左右的女人,坐在账柜台里,手中在做鞋子。店里的墙壁脏污不干净,环境破落,引不起食客的吃欲。门口的柱子上,贴着"安寓客商"的红纸,倒还有生意兴隆的迹象,给人亲近的感觉。郁达夫的钱不多了,不可能进大馆子,只要填饱肚子,不敢随心所欲地挑剔。

---

① [美] 明恩溥著:《中国人的气质》,第146页,南京:译林出版社,2011年版。

郁达夫是一介书生，自然爱山乐水，这不仅是源于文人的雅兴，也是他从小生活在富春江边上的缘故。杭州对于郁达夫是个说不清，道不明的地方，他命中与这里结缘，太多的欢乐和痛苦，离不开这片土地。

面对流动的江水，郁达夫有了精神。他想如果下一阵雨，赶跑蒸笼一般的热气，就能使江两岸的风景，被笼罩得烟雨蒙蒙。坐在船上行进在烟雨中，望着黯淡的愁云，这种调子适合远游人归家的心情。眼前壮阔的江水，"哗哗"的水声，卷得乡愁更愁，没有归家带来的快乐。他在愁的宣纸上，拿起情感的毛笔，勾画出另一种画面：

阶前屋外有几点雨滴的声音，那么围绕在我周围的空气和自然的景物，总要比现在更带有些阴惨的色彩，总要比现在和我的心境更加相符。若希望再奢一点，我此刻更想有一具黑漆棺木在我的旁边。最好是秋风凉冷的九十月之交，时落的林中，阴森的江上，不断地筛着渺蒙的秋雨。我在凋残的芦苇里，雇了一叶扁舟，当日暮的时候，在送灵柩归去。小船除舟子而外，不要有第二个人。棺里卧着的，若不是和我寝处追随的一个年少妇人，至少也须是一个我的至亲骨肉。我在灰暗微明的黄昏江上，雨声淅沥的芦苇丛中，赤了足，张了油纸雨伞，提了一张灯笼，摸上船头上去焚化纸帛。

我坐在靠江的一张被桌子上，等那柜上的妇人下来替我炒蛋炒饭的时候，看看西兴对岸的青山绿树，看看江上的浩荡波光，又看看在江边沙渚的晴天赤日下来往的帆樯肩舆和舟子牛车。心里忽起了一种怨恨天帝的心思。我怨恨了一阵，痴想了一阵，

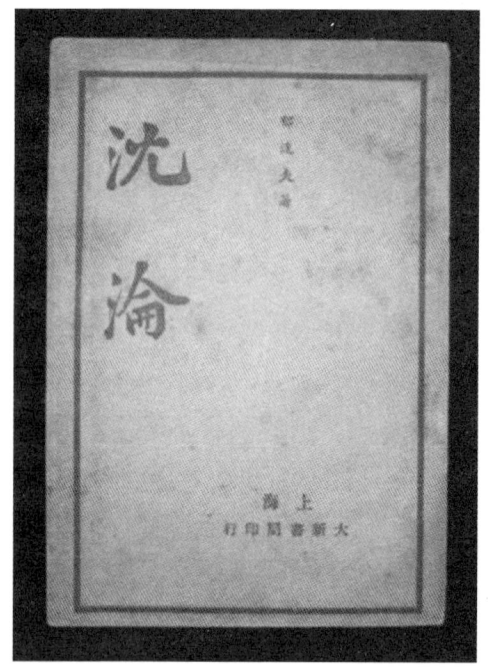

郁达夫的第一本短篇小说集《沉沦》

就把我的心愿,原原本本的排演了出来。我一边在那里焚化纸帛,一边却对棺里的人说:

"Jeanne!我们要回去了,我们要开船了!怕有野鬼来麻烦,你就拿这一点纸帛送给他们罢!你可要饭吃?你可安稳?你可是伤心?你不要怕,我在这里,我什么地方也不去了,我只在你的边上。……"

想到这里,郁达夫要大声喊出,嗓子被堵塞一般。他在桌上支起胳膊,形成支撑的架子,头深埋里面。饥饿不是好东西,它不听召唤地跑,郁达夫等饭的工夫思潮起伏。跟自己有关的女人,一个个地走出来,只见她们不言语,闭着眼睛飘过。他想抓住任意的身影,无奈抓不住。他痛苦地哭了,声音打破寂静。炉灶上忙碌的妇人,以为催饭菜,她柔和的对郁达夫说:"好了好了!就快好了,请再等一会儿!"

这种语气不是答复客人的方式,而是哄孩子一般的多情。郁达夫的心中装满伤感,一听妇女说的话,就想起小时候哭了,母亲便拿这样的腔调哄自己。想家的愁绪折磨漂泊的人,期盼快些到家的情绪变得激烈。

郁达夫和饥饿争斗,还要被思乡情欺负。我望着他在痛苦中的情景,不是一时的冲动,积压的痛苦找到合适的机会,来了一场大的宣泄。在外漂泊久了,一年年攒下的思家愁绪,结成情感的雨云,在快到家时得到倾泻。妇人小心地捧了一碗汤,一碗炒饭,摆到郁达夫的面前。他们面对面地凝视,她感觉不知所措。妇人看了一眼,她在盆中投洗一块手巾,善意地递给郁达夫,让他擦一擦脸上的泪痕。他心里有着说不出的感谢,妇女只是随意而做,但苦痛中的人,却有着千恩万谢的想法。几天的奔波,由于睡眠不足,吃饭时常饥饿一顿,饱一顿地不按时。虚弱的身体透支得厉害,情感变得脆弱,稍有一点触碰,就想大哭一场。拿着湿手巾,闻到水湿的气息,郁达夫控制不住,流出两行泪。妇人看到他这么脆弱,急忙地问道:"客人,你可是遇见了坏人?"

郁达夫摇晃脑袋,勉强地挤出苦笑。他们不再一问一答,妇人呆立一会儿,她心疼地说:"饭不够吃,再好炒的。"

饭吃得不知什么滋味,脑子里乱糟糟的,没有一点品尝的兴趣。吃完饭以后,喝了几口水,他便去柜前结账,付了妇人两角银角子。他将找回来的八九个铜子,送给心慈的妇人,报答她的理解和手巾。妇人婉言拒绝,一边摇头说:"客人,你是赶船的么?船上要用钱的地方多得很哩,这几个铜子你收着用罢!"

郁达夫理解错了,以为妇人怪他吝啬。便又拿出两个银角子递给妇人,她不解地望着,对郁达夫说:"尹尹!这算什么?这算什么?"

妇人不肯收,语气坚决的样子。郁达夫知道她的真情实意,他感谢地说:"但是无论如何,我总要给你几个小账的。"

妇人想一下,从中拿出三个铜子说:"小账已经有了。"

郁达夫经历太多的场面,商人的狡猾领教过多次。上当不说,被精明算计不止一回。郁达夫回国以来,遇见很多的事情,许多人为了蝇头小利不惜花费心思,甚至丧失良心。回乡的路上,郁达夫绝想不到,在江边不景气的小馆子里,会遇到善良的妇人。这家小店勉强维持生存,妇人的心却比黄金还值钱,更是良心的宝贵。郁达夫心存感激，想如果有一天发财，他一定帮助这位妇人。

"再会再会！"

"顺风顺风！船上要小心一点。"

"谢谢！"

郁达夫离开小饭馆，心情不好受，反过来谴责自己，一个男人受妇人的怜惜，这是他平生的第一次。午后的太阳光是一天中最足的时候，冷静的巷子挤满热气。街上的行人，比平时少了许多，走到轮船公司门口，他俯身向窗子里看，五六个男子围着桌子，光着膀子吃饭，不知说什么笑话，逗得一伙人哈哈大笑。卖票的窗前，一张破旧的椅上，坐着两个乡下人，等候买船票。从他们穿的衣服辨别，一定是"临浦萧山一带的农民"，他们神情不愉快，不知有什么心事。

郁达夫终于遇到老乡，来到他们跟前坐下。其中一个人，瞅了郁达夫一眼，操着一口乡下话问：

"鲜散（先生）！到临浦严办（烟篷）几个脸（钱）？"

"我也不知道，大约是一二角角子罢。"

"喏（你）到啥地方起（去）咯？"

"我上富阳去的。"

"哎（我们）是为得打官司到杭州来咯。"

我并不问他，他却把这一回因为一个学堂里出身的先生告了他的状，不得不到杭州来的事情对我详细地诉说："哎真勿要打官司啦！格煞（现在）田里已（又）忙，宁（人）也走勿开，真真苦煞哉啦！汉（那）个学堂里个（的）鲜散，心也脱凶哉，

雷峰夕照为西湖十景之一,当年曾因晚霞镀塔,佛光普照而闻名。20世纪初的雷峰塔已残破不堪,终于1924年倒塌。此为倒塌前的雷峰塔。

哎请啦宁刚(讲)过好两遍,情愿拿出八十块洋钿不(给)其(他),其(他)要哎百念块。喏(你)看,格煞五荒六月,教哎啥地方去变出一百念块洋钿来呢!"

仿佛找到地方,诉说内心的不公平,他们说起事情的前因后果。

郁达夫听对方讲,老实的农民告官无路,将他当作救星一样。他要是有一天挣到大钱的话,一定帮助他们走出困难时期。郁达夫摆出大丈夫的豪气,空想毕竟不现实,解决不了现实的情况。郁达夫无力解救任何人,自己的事情尚且不能挽救,这样一想,又勾起自己的伤感。

郁达夫望着江水向远方流淌,听着农民的唉声叹气,不时地传出账房,夹杂着一伙吃饭人的笑语,他的心像被打中一样的疼。

> 儿时曾作杭州梦,
> 初到杭州似梦中。
> 笑把金樽邀落日,
> 绿杨城郭正春风。

这首《自述诗》,作于 1918 年,叙述多年前的旧事。"杭州城外,自闸口至南星,统江干一带",是郁达夫昔日游玩之地。没有去日本前,他雇一艘花艇,"金尊檀板,也曾眠醉过几场。江上的明月,月下的青山,与越郡的鸡酒,佐酒的歌姬,当然依旧在那里助长人生的乐趣。"青春期的无忧无虑,让他度过了一段快乐时光，现在不同往日，不但年龄变化，他称自己的手如同"干柴"一般。而且身上一贫如洗，兜里只有三个两角的银角子，带着旅途的疲惫，等候买一张回家的船票。

一点多钟，轮船公司的门打开，候船的屋子里挤满乘船的旅人，郁达夫害怕碰到熟人，不敢四处乱望，坐着不敢大声说话。跟着那两个乡下人，来到售票的窗口，买了烟篷船的票。他走出房子里，大吸一口气，跟随他们一起走上码头。

码头上，有一排长长的跳板，连接岸边和水中的船。郁达夫混入人群中，跟随陌生人的身后，通过跳板跨进驳船。郁达夫看到水里，有自己的影子倒映江面。每走一步，就离家近一些，郁达夫心事沉重，来到跳板的尽头，迈上驳船的瞬间，他想起妻子孙荃信上写的一段话：

我从来没有一个人单独出过门，那天晚上，我对你说的让我一个人回去的话，原是激于一时的意气而发，我实不知道抱着一个六个月的孩子的妇人的单独旅行，是如何的苦法的。那天午后，你送我上车，车开之后，我抱了龙儿，看看车里坐着的男女，觉得都比我快乐。我又探头出来，遥向你住着的上海一望，只见了几家工厂，和屋上排列在那里的一列烟囱。我对龙儿看了一眼，就不知不觉的涌出了两滴眼泪。龙儿看了我这样子，更觉得伤心难耐。他跳也不跳了，笑也不笑了，默默的尽对我呆看。我看了这种样子，更觉得伤心难耐，就把我的颜面俯上他的脸去，紧紧地吻了他一回。他待了一会儿，就在我的怀里睡着了。

火车徐徐前进，我看看车窗外的野景，忽而想起去年你带我出来的时候的景象。啊啊！去岁的初秋，你我一路出来上A地去的快乐的旅行，和这一回惨败了回来的情状一比，当时的感慨如何，大约是你所能推想得出的罢！

在江干的旅馆里过了一夜，第二天的早晨，我差茶房送了一个信给住在江干的我的母舅，他就来了。把我的行李送上轮船之后，买了票子，他又来陪我上船去。龙儿硬不要他抱，所以我只能抱着龙儿，跟在他后面，一步一步地走上那骇人的跳板去，等跳板走尽的时候，我想把龙儿交给母舅，纵身一跳，跳入钱塘江里去的。但是仔细一想，在昏夜的扬子江边还淹不死的我，在白日的这浅渚里，又哪里能达到我的目的？弄得半死不活，走回家去，反而要被人家笑话，还不如忍着罢。

我到家以后，这几天里，简直还没有取过饮食，所以也没有气力写信给你，请你原谅我。①

这些话如同江水，顺水漂流而来，堆积在郁达夫的身边。文字刀子似的切割他的心，脚步变得涩重，有一种逃跑的想法，孙荃不是过于偏激，而是字字击中要害。

郁达夫心意烦乱，周围嘈杂的环境，忘记怕遇到同乡没有面子。船在水中行走，溅起一朵朵水花。眼中妻子清瘦的样子，怀抱着营养不良的儿子，坐在火车里，透过窗子对他流泪。一声鸣笛，火车缓慢前行，妻子的眼泪，流淌在苍白的脸上。郁达夫不断地摆手，妻子只是点头。郁达夫想跳上火车，和她坐在一块儿，他跟随火车急速地走了几步。郁达夫的眼睛里，装满一张苍白的脸，看到她的愁容，随着火车远去。郁达夫觉得握着一根铁杆，不顾一切地向上一跳，双脚踏在木板上了。嘈

---

① 刘炎生著：《旷世文人郁达夫》，第53页，武汉：湖北人民出版社，2007年版。

杂声占满耳朵，几只有力的手，在背后推了几下。郁达夫回头一看，才知驳船到了轮船身边。大家争抢地下小船，跳到火轮船来。郁达夫意识中攀上的铁杆，并不是火车，而是踏在火轮船上。

跟在一群乘客的身后，郁达夫找到位置，坐了一会儿，梳理杂乱的脑子，从幻梦状态里清醒。

透过窗子向外观望，郁达夫看见江水反映过来的强烈的阳光。江的对岸边上，黄色的沙滩，还有一排苍翠的杂树。

在《还乡记》中，郁达夫坦言死亡的强烈诱惑，在他看来，拥抱死亡"就脱离了这烦恼苦闷的世界，此刻好坐在人神Beatrice的脚下拈花作微笑了"。这种"死比生好"，甚至视死为"何等幸福"的想法，显然是"零余者"因浸染了太多的生之苦与生之怨，以求理想的生活而不得，活得毫无生趣才造成的，虽然他"自己觉得似是以死压人，其实我们不但没有这种感觉，反而感到一种说不出的求生不得的可怜"，这便是"零余者"的令人同情之处。这是灵与肉、情与理的冲突，是从家庭到社会的深深失落感交织的痛苦，这种悲哀、感伤的情绪，以及"面对死亡的心灵战栗，是个人的，也是民族的，乃至于是人类的"，它令人刺激、让人伤心，使人愤怒、令人思考，它所唤起的美学感受是复杂、强烈而有力的。

以往论者对郁达夫的感伤多偏于政治或社会的阐释，而很少把握郁达夫的深层心理结构对其感伤创作的影响。其实潜藏于心的悲剧生命意识才是打开郁达夫感伤心灵世界的钥匙。其作品的深刻在于其感伤的描写具有丰富的文化内蕴，表现了人

郁达夫与孙荃及龙儿

类的情感,若从这个角度出发去研究郁达夫其人其文,也就容易理解他的引人争议之处了。①

学者刘茂海在研究中,阅读郁达夫的作品时,一定感想颇多,发现了很多别人不理解的东西。郁达夫通过生活细节,表现潜藏于心的悲剧情节,这是作品的本性,也是开启心灵的钥匙。我很早读郁达夫的小说,当时对他的伤感和直白不理解,觉得他生活在灰色的世界里。当我重新读郁达夫时,"弯了腰背孤苦伶仃地坐了一忽",这一个细节,使我懂得作品中的调子,为什么不那么明朗。

度日如年,船上的时间不长,郁达夫却坐不住。他盼望已久的家要到了,妻女和儿子的亲情,祖母和母亲的温暖,是最好的归宿地。船经过闻家堰,过了东江嘴,停靠浦义桥,从这里更换小轮船。这条线路,郁达夫不知走过多少回,一个钟头之后,他将到达富阳,马上见到亲人,心情极其复杂。郁达夫自问,"有什么面目回家去见我的衰亲,见我的女人和小孩呢?"

郁达夫走下船,混在人群里,望着一脉斜阳。他不敢马上回家,于是走向相反的一条路上,去街中的土地庙,孤坐了两个多钟头。太阳落下山,街头的人变得稀少,吃晚饭的时候,郁达夫在黑暗中,走到家的后门。他不是推开门冲进屋,给家人一个惊喜。耳朵贴在门上,听一听里面的动静。家人围坐在一起,在庭前吃晚饭,不时地有妻子和母亲的说话声音,郁达夫想奔进去,和她们吃一顿饭,但他还是忍住了。后门边没有人,郁达夫推开门,摸到楼上的房间。

---

① 刘茂海著:《是颓废还是辉煌——郁达夫作品的思想与艺术》,第75页,银川:宁夏人民出版社,2006年版。

妻子在楼下吃完饭，上楼以后见到他受到惊吓，几乎大声叫出。夫妻俩抱在一块，偷偷地哭了一阵。郁达夫为了顾及面子，怕家里人说三道四，不好意思见年老的母亲。郁达夫抱着妻子，贴在她的身体上，不安静的心终于得到缓解。

黑暗淹没一切，郁达夫与妻子相拥，感受着家的温暖。

新老事情一块来

郁达夫细腻的描写,朴白的文字,
并不使用过多的形容词,
记录秀丽的小城。

  郁达夫一有机会,便走进大自然中,寄情山水之间。钓台是家乡的名胜风景,因为近在咫尺,过去一直以为,什么时间都可以动身。由于这种心理作怪,反而一推再推没有拜望,郁达夫回到家乡,远离江湖的险恶,心情畅快有了游兴,下决心去看一看。郁达夫是藏书家,他不是为了收藏,而是为了读起来方便。身边有书,做起文章不会心慌。他在大量阅读古今中外名著的过程中,对诗词尤其偏爱,二十多年来,富春江上的严陵钓台是他最想去的地方。1931年初,国民党加剧对左翼文艺运动的文化围剿,"左联五烈士"被秘密杀害后。郁达夫匆忙离开上海,躲避江浙的穷乡里,有一天外出散步,看见江上,行驶一家扫墓的行舟,不过是生活中的小事情,却勾起不尽的

严子陵是慈溪人,大范围来讲和郁达夫是老乡。

乡愁。郁达夫的心疾飞,不想多待一分钟,急忙启程赶回到家乡。那一天是清明前的寒食节,郁达夫随家人带上供品,祭祖上坟,他遇到一些亲戚。回忆过去的岁月,亲朋叙说旧情老事,热闹好几天。郁达夫远离书本,被大自然清空烦心的事。闲情和闲居,一字之差,意义却发生变化,其结果也不一样。郁达夫不是回来探亲,他是逃出上海,在家待了几天,想读书和写作的冲动袭上心头来,郁达夫决定,寻访钓台的严子陵。

多年的漂泊,郁达夫做事由着性情,说走抬腿便走,绝不会犹豫半天。到钓台的路程不顺利,中间倒一次船,才能到达目的地。这个线路图被精心算计过,往桐庐县城去有二十余里的路,由桐庐至富阳县不足九十里,然后从富阳坐船溯江而上,还要坐一程小火轮,三个小时后,方可到达桐庐。一路不算长却够折腾人的。不断地换船,使人累得筋疲力尽。那一天是南方的"养花天",郁达夫所乘坐的晚班轮,来到桐庐时已是黄昏,每家每户撑灯。这个地方他未来过,一点儿也不熟悉,东南西北都分不清。郁达夫找了一家码头附近的旅馆,借住楼上凑合过宿。

郁达夫是抒情高手,厚实的古文功底,后来又阅读大量西洋文学作品,中西文学滋养的作家,不会放过眼前的地缘情景。他俯在临江的窗口观望的同时,回味读过的关于这一段的文字记:

桐庐县城,大约有三里路长,三千多烟灶,一二万居民,地在富春江西北岸,从前是皖浙交通的要道,现在杭江铁路一开,似乎没有一二十年前的繁华热闹了。尤其要使旅客感到萧条的,却是桐君山脚下的那一队花船失去了踪影。说起桐君山,却是桐庐县的一个接近城市的灵山胜地,山虽不高,但因有仙,自然是灵了。以形势来论,这桐君山,也的确是可以产生出许多口音生硬,别具风韵的桐严嫂来的生龙活脉。地处在桐溪东岸,正当桐溪和富春江合流之所,依依一水,西岸便瞰视着桐庐县市的人家烟树。南面对江,便是十里长洲;唐诗人方干的故居,就在这十里桐洲九里花的花圈深处。向西越过桐庐县城,更遥遥对着一排高低不定的青峦,这就是富春山的山子山孙了。东北面山下,是一片桑麻沃地,有一条长蛇似的官道,隐而复现,出没盘曲在桃花杨柳洋槐榆树的中间,绕过一支小岭,便是富阳县的境界,大约去程明道的墓地程坟,总也不过一二十里地的间隔。我的去拜谒桐君,瞻仰道观,就在那一天到桐庐的晚上,是淡云微月,正在作雨的时候。

郁达夫细腻的描写,朴白的文字,并不使用过多的形容词,记录秀丽的小城。他名义上看钓台,寻访严子陵,实际上是别有心意的一次行动。由人构出的往事,形成历史遗留的痕迹。

严子陵是慈溪人,大范围来讲和郁达夫是老乡。有一次,刘秀请严子陵到宫里,他与严子陵交谈,由于谈得投机。到了夜晚,两个人同床而卧。睡梦中不分君臣,严子陵将脚搁到刘秀的肚皮上,对此刘秀一点不介意。这件事被侯霸王知道,第二天他便叫太史官上奏,说是严子陵冒犯皇帝。刘秀听后一阵大笑,他解释说:"这是我和子陵同睡啊,没事!"严子陵料到其中必有缘故,从这件小事情中,他发现小人的阴险和官场的险恶,不肯在洛阳混下去。刘秀再三挽留,封他为谏议大夫。

然而严子陵还是不辞而行，悄然地离去，后来隐居于富春山下，那里有个"严陵濑"，据说是他垂钓之处。郁达夫寻访严子陵，不是一时的冲动，而是为了成全自己的个性和追求。

鱼梁渡是个小渡口，到了夜晚便没有过往的人，渡船停泊对岸。走下旅馆的小楼，踏着夜色来到不远的渡口，听江水送浪声，在漂泊的日子里，痛苦难以忍受时，心中响起这样的水声感觉好多了。待了一会儿，郁达夫看到洗夜饭米的少妇，客气地询问，怎么样才能过江。少妇热情地回答："你只需高喊两三声，船自会来的。"郁达夫满怀谢意，双手拢成喇叭状，对着黑茫茫的对岸，大声地吆喝："喂，喂，渡船请摇过来！"声音掠过江面，落到对面的江岸上，果然如少妇所说，他这一声喊，一只小船划动，船身穿破夜色，划水声从远处传来，越摇越近。江风吹拂，郁达夫站在江边，不知被什么击中，所有的兴趣消失，夜带来的悲伤袭上心头。渡船缓慢地靠岸，横过船身，船主稳住船，郁达夫跳了上去，坐在黑暗的舱里。船离开岸边，摇橹划水的声音，节奏鲜明，往对岸行驶。眼睛适应后，郁达夫看出一星亮，原来是船家烟袋上的烟火。郁达夫打破气氛，开口问道："船家！你这样的渡我过去，该给你几个船钱？"船主漫不经心地说："随你先生给几个就是。"船家的话不多，已经有些睡意了，郁达夫从口袋里摸出了两角钱，他对船家说："这两角钱，就算是我的渡船钱，请你候我一会儿，上山去烧一次夜香，我是依旧要渡过江来的。"船家并不是见钱眼开的人，只是拿鼻子哼一声。瞬间被流水声淹没，从声音中判断，船主对他付的钱很满足，渡口附近的邻里乡亲，船钱不过是两三枚铜子，有的不拿钱，往返白坐一次。

船身触到岸边晃动。桐君山是庞然大物，郁达夫走不出几步，就被乱石绊倒。船家听到跌跟头声，乡下的人心朴实，况且又多给一些船钱。他什么话不说，走下船递给郁达夫一盒火柴。郁达夫写到这里，重新回到那个夜晚，感受黑暗中，触摸到船主结实的手。递与接全是肢体语言，郁达夫万分感谢，乡下人做事真诚。郁达夫对他人的理解难以忘记，尽管一盒火柴微不足道，却帮了郁达夫的大忙。他一番谢意后，一个人摸黑上山，走一段路，点一根火柴看路的情况。快到半山腰的时候，郁达夫掌握了规律，知道每一步的深浅。天空积云的缝隙，露出一脉月光，这束光解决大问题。手里的半盒火柴放进口袋。山路盘曲而上，从山脚的西北往上走，空间越大，到了半山的地方，俯瞰桐庐街市的灯火。这里的风大，弥漫着水的湿气，让身体感到舒服。向江中心望去，夜色下的富春江两岸，多了一份诗意，隐隐地望到渡口，一点点的火光。郁达夫走过半山腰，听到桐君观传出的晚钟声，辨出木鱼和钲钹声。气喘吁吁中，身上流淌汗水，终于登上山顶。途中郁达夫遭遇道观外的女墙，墙的大门关上。眼前的大门，挡住前进的路，郁达夫走来走去，徘徊一会儿。他感到黑灯瞎火，费这么大的力气，因为门不能进去太可惜，回去会后悔的。思想斗争一阵，他似乎听到回和进的搏杀声，细想了几次，进的心变得强大，战胜回去的声音。郁达夫轻轻一推，门竟然虚掩。淡淡的月光，洒落石铺的小路，往前走居然来到道观的大门外。郁达夫高兴地说，"这两扇朱红漆的大门，不消说是紧闭在那里的"。郁达夫身上洒落月光，发现另一番情景，脸上露出笑容。如果刚才停止不前，转身回到城中的小旅馆，真是枉到此地。郁达夫表扬自己的果断，这里的大门是朝大江开,门外不远处是一条石砌的小路,旁边是道观的墙。再外是山坡,还有一道石墙,这是防护栏杆,怕人稍不注意跌下,防止发生意外。石墙上铺的青石板,犹如石凳一般,坐上可以远眺,饱览桐江沿岸的风光。山不太高,由于走夜路,又是一个人走,心中不免有些变化。郁达夫坐在墙顶上,感受晒了一天留下的热气。身体一下放松,临高远望,寻找自己住的旅馆,想着小城将要发生的故事。他想了很多的事情,吹来的江风拂尽汗水,使心平静一些。他后来在文章中写道:

空旷的天空里,流涨着的只是些灰白的云,云层缺处,原也看得出半角的天,和一点两点的星,但看起来最饶风趣的,却仍是欲藏还露,将见仍无的那半规月影。这时候江面上似乎起了风,云脚的迁移,更来得迅速了。而低头向江心一看,几多散乱着的船里的灯光,也忽阴忽灭地变换了一变换位置。这道观大门外的景色,真神奇极了。我当十几年前,在放浪的游程里,曾向瓜州京口一带,消磨过不少的时日。那时觉得果然名不虚传的,确是甘露寺外的江山,而现在到了桐庐,昏夜上这桐君山来一看,又觉得这江山之秀而且静,风景的整而不散,却非那天下第一江山的北固山所可与比拟的了。真也难怪得严子陵,难怪得戴征士,倘使我若能在这样的地方结屋读书,以养天年,那还要什么的高官厚禄,还要什么的浮名虚誉哩?一个人在这桐君观前的石凳上,看看山。看看水,看看城中的灯火和天上的星云,更做做浩无边际的无聊的幻梦,我竟忘记了时刻,忘记了自身,直等到隔江的击声传来,向西一看,忽而觉得城中的灯影微茫地减了,才跑也似地走下了山来,渡江奔回了客舍。

桐君山

第二天，郁达夫在桐君观前的残梦，在连续回味时，窗外传来吹号角的声音，好梦被打碎。南方的江水阴柔多情，几阵晓风，吹拂杨柳岸边。他不愿在床上多懒一分钟，洗脸漱口，唤茶房帮助雇船。这是当地常见的双桨渔舟，买的酒菜鱼米搬上后，在旅馆前面的码头起程。船驶得不快，时间不重要，关键在于情调。船向江心摇去，郁达夫心情爽快，望着东方的天际，这时有八点多钟。船主不太高兴，自言自语地叨咕，埋怨旅馆的茶房，应该预先通知有活儿，好早一些出发。他们要到七里滩头，那里可是有名的地段，"无风七里，有风七十里"，钓台路程不算远，但这几天天气不正常，风雨无法预测，遇到坏的时候，说不定要走夜路。

　　船过桐庐，水道变得狭窄，浅滩多起来了。一路上不时有来往的船，数目与往日相比很少。早晨听到吹的号角声，其实是开往建德的快班船，发出开航的信号。江两岸连绵的青山，使夹中间的江水变得清浅。沿岸的景致不断转换，穿过一个小岛，上面种着桃花和菜花，还有着不知名字的白花。船上只有两个人，春天的阳光晒在身上，郁达夫放松身心，随意倚在船头，独酌"严东关的药酒"。他不时地和船主东扯西拉。船主是老行家，常年奔波水上，对这里了如指掌。一般的情况难不住他，郁达夫不时地问，这座山的名字叫什么，那港是什么地方，水中有多少种鱼类……这一切对于船主都是小菜一碟，却令郁达夫惊叹。初登船时的新鲜感，随着航程淡了，话说多了，身体感到疲倦。郁达夫在似睡非睡中做了个怪梦，船过一处停下，郁达夫上岸，走进临江的酒楼，无意中遇到多年不见的熟人，他们其中有几位，是做了官的朋友。难得一见，必须酒中见情，一桌盛宴，大伙高谈阔论，谈兴极高时，郁达夫背诵一首诗，这是几年前，他在类似的情景下做的歪诗：

不是尊前爱惜身，
伴狂难免假成真，
曾因酒醉鞭名马，
生怕情多累美人。

劫数东南天作孽，
鸡鸣风雨海扬尘，
悲歌痛哭终何补，
义士纷纷说帝秦。

诗和酒将情绪推向高潮，郁达夫喝了不少酒，不能往下再喝，他和朋友为了一杯酒，谁喝得多，哪一个少喝一杯，争持得不相上下。两位陪酒的女子，不愿意评判对错，这个节骨眼上，船主大声地叫起，他不高兴地说："先生，罗芷过了，钓台就在前面，你醒醒吧，好上山去烧饭吃去。"

郁达夫从梦中醒过神，抹一下眼睛，向远处一望。水光山色间，眨眼的工夫变样。两边的山逼来，山峰峻峭，藏满险恶，船主划动双桨，"哗哗"的水声往耳朵里钻。船家所指的钓台山上，"只看得见两大个石垒，一间歪斜的亭子，许多纵横芜杂的草木。山腰里的那座祠堂，只露些废垣残瓦，屋上面连炊烟都没有一丝半缕，像是好久好久没有人住了的样子。"天气阴沉，露一下脸的太阳，早已躲藏进云层。船很快地靠岸，船主背着

酒醉方能说真语

郁达夫

丙子十二月廿一

郁达夫手迹

酒菜鱼米，郁达夫跟在后面。冷风吹拂，山中安静，船家的步子快，将他甩在身后。船夫走上严先生祠堂便不见影子，郁达夫有点害怕，如果这时有一个鬼魂出现，缠住他不放那可悲惨。郁达夫酒醒了，在祠堂西院的客厅里，他刚坐下来，便和严子陵的裔孙，聊起"年岁水旱"的话头。郁达夫求他代劳煮饭烧菜，随后他和船家，穿过断碑乱石，从中间爬上大名鼎鼎的钓台。

东西两石垒，高各有两三百尺，离江面约两里来远，东西台相去只有一两百步，但其间却夹着一条深谷。立在东台，可以看得出罗芷的人家，回头展望来路，风景似乎散漫一点，而一上谢氏的西台，向西望去，则幽谷里的情景，却绝对的不像是在人间了。我虽则没有到过瑞士，但到了西台，朝西一看，立时就想起了曾在照片上看见过的威廉退儿的祠堂。这四山的幽静，这江水的青蓝，简直同在画片上的珂罗版色彩，一色也没有两样，所不同的就是在这儿的变化更多一点，周围的环境更芜杂不整齐一点而已，但这却是好处，达正是足以代表东方民族性的颓废荒凉的美。

郁达夫弄了一身灰土，从钓台下来后，心情有一些异样。他拍落手中的土，转身的一瞬间，想了很多的烦心事。残酷的现实社会，逼得一介书生以逃跑为生。躲进大自然中，遁入无人来访的古迹，在梦中寻一处安恬。其中的滋味，只有自己知道，诌一个"陈屁"的歪诗，安慰自己孤独的心。

郁达夫回到祠堂，守着古人的遗迹，大吃一顿酒肉，直到有点微醉。他脚步不稳，来到严先生神像的龛前，面对面相视。

破败的墙壁上,被到此一游的闲人,题写一些歪诗乱句,还有不少装作风雅的高官的手笔。郁达夫觉得扫兴,便去南面的白墙上,想留下笔墨。他看到一处,同乡夏灵峰先生的四句诗。"夏灵峰先生虽则只知崇古,不善处今,但是五十年来,像他那样的顽固内容的亡清遗老,也的确是没有第二个人。比较起现在的那些官迷的南满尚书和东洋宫婢来,他的经术言行,姑且不必去论它,就是以骨头来称称,我想也要比什么罗三郎郑太郎辈,重到好几百倍。"郁达夫心动,"熏人臭技自然是难熬了",张罗起几张桌椅,借来一支破毛笔,郁达夫得意地说:"我也向高墙上在夏灵峰先生的脚后放上了一个陈屁",便是刚才在船上做的梦里吟过的歪诗。

他的一篇篇游记随着他游踪所至,自由地挥洒出来,其文字绮丽,情意婉曲、深幽,我们完全可以说,只有郁达夫这样的作家才能写得出这些名胜抑或非名胜之区的山水形态,也只有郁达夫才能发现或曰唤醒这些山水背后的蕴含。现代的山水到了郁达夫这里得以成熟的、有规模的文字形式呈现,并进入人的心灵,从这个层面来看,我们说郁达夫是现代山水的发现者就一点儿也不为过。

郁达夫的游记不仅像是一幅长长的山水画卷,而且更像是借用现代摄影技术拍成的纪录片,其流动感、立体感、色彩感是前人的游记文字所没法比的,并且他还不时地将镜头对准山水田园中的人物,使我们总是能从字里行间窥见到20世纪二三十年代中国的城乡风貌,不时地扪摸到那个时代的脉搏,所以我们才说他所写的是现代的山水游记。①

---

① 李成著:《现代山水的发现者》,原载《中华工商时报》,2011年1月7日。

郁达夫题完"歪诗"在天井里走了一圈。他感到嗓子干渴,酒喝得有点多。回到西院里,坐在桌前,郁达夫喝了一些清茶。这里的环境安静,听得清喝水声,林间传来的鸟鸣声。时间不早,船家等得不耐烦,从外面走进来,大声地说:"先生,我们回去吧,已经是吃点心的时候了,你不听见那只鸡在后山啼吗?我们回去吧!"

郁达夫转身,跟在船家的后面,他将回到红尘滚滚的街市中。荒凉的山野,严子陵钓台题的"陈屁"诗,化作记忆中的事情。

动荡的快乐

搬迁到新家,未来的生活从小雨中开始。
春雨暗示两种事情发生,雨洗掉过去的阴沉日子,重新人生的打拼。

2013年1月19日,农历十二月初八,我被一阵鞭炮声惊醒,这是一个好日子,结婚的人特别多。昨天晚上,妻子剥了很多的蒜,备了做腊八粥的料。我老家东北有一句谚语"腊七腊八,冻掉下巴",意思说腊八这一天非常冷,吃腊八粥可以使人暖和、抵御寒冷。早上吃着腊八粥,听着窗外的鞭炮声,不时地响起。

我读到郁达夫搬家,离开上海到杭州定居。他的新家,在"浙江图书馆侧面的一堆土山旁边,虽只东倒西斜的三间旧屋",但是它和上海弄堂里的洋房相比,空间宽敞多了,而且阳光照射充足。新字不简单,它异于旧的状态,初始的没有用过的,与"旧"全然相反的生活。所以一到新家,主人便开窗子透空气,让清新的气息流动,精心设计室内布置。郁达夫站在房子中间,这里将是他生活和工作的地方,新与旧两种情感的纠缠无法摆

杭州西湖（时晨摄）

脱。新家缺少新沙发，落地纱灯，墙上不见镜屏，谈不上红木器具。只有几张板桌，一架装满的旧书，临别上海打包时，东西装来塞去，破家值万贯，不能随便地丢掉，又觉得没有地方放。一到杭州新家，房子比上海的大，四处转悠一看，竟然变得空荡荡的。尽管都是微不足道的旧物，然而携带往昔的生活气息，触摸一下，才能感受旧时的温度。搬家的那一天，下起一场春雨，星期二的早上，为了不忘记这一天，郁达夫在日记中，录下这一段的景象：

1933年4月25（阴历四月初一），星期二。晨，五点起床，窗外下着蒙蒙的时雨，料理行装等件，赶赴北站，衣帽尽湿。

携女人儿子及一仆妇登车，在不断的雨丝中，向西进发。野景正妍，除白桃花，菜花，棋盘花外，田野里只一片嫩绿，浅谈尚带鹅黄，此番因自上海移居杭州，故行李较多，视孟东野稍为富有，沿途上落，被无产同胞的搬运夫，敲刮去了不少。午后一点到杭州城站，雨势正盛，在车上蒸干之衣帽，又涔涔湿矣。

搬迁到新家，未来的生活从小雨中开始。春雨暗示两种事情发生，雨洗掉过去的阴沉日子，重新人生的打拼。另一种可能是今后的路，不会一帆风顺，犹如缠绵的雨。郁达夫在上海闯出一片天地，贸然地离开属于无奈的选择，还是经过深思熟虑。我们从郁达夫的日记中，可以读出前后经历的场景，却无法深入他当时的心情。只能通过文字的分析猜测和推理。郁达夫按照自己的心愿，将过去的生活重新布置，他期望场景变了，人的心境也能随之改变。他通过文字，表达内心的世界，"八云装饰设计公司送我的一块石膏圆面。塑制者是江山徐葆蓝氏，面上刻出的是圣经里马利马格大伦的故事。看来看去，在我这间黝暗矮阔的大厅摆设之中，觉得有一点生气的，就只是这一块同深山白雪似的小小的石膏。"郁达夫面对过去的物品，携带它来到杭州的新家，并且亲自摆到满意的地方，走来看过去，还有"一点生气"。这四个字拆开的话，从中发现深藏不一般的意义。"一点"微不足道的"生气"，是郁达夫的新生活，这是绝望的表白，重新燃起人生奋斗的信号。在朋友们不理解的情况下，郁达夫还是做出来杭的决定。

向晚雨歇，电灯来了。灯光灰暗不明，问先搬来此地住的王母以"何不用个亮一点的灯球"?方才知道朝市而今虽不是秦,但杭州一隅,也绝不是世外的桃源,这样要捐,那样要税,居民的负担,简直比世界那一国的首都,都加重了;即以电灯一项来说,每一个字,在最近也无法地加上了好几成的特捐。"烽火满天殍满地,儒生何处可逃秦?"这是几年前做过的叠秦韵的两句山歌,我听了这些话后,嘴上虽则不念出来,但心里却也私地转想了好几次。腹诽若要加刑,则我这一篇琐记,又是自己招认的供状了,罪过罪过。

夜晚人多愁的时候,喜欢守一盏孤灯,然而在昏暗的光线下,要遭受蚊虫的叮咬。瘦皮包骨的书生,本以为换一个新的环境,身心可以自由而快乐,其实结果并非如此。暂时躲开文人群聚的上海滩,跑到山清水秀的杭州,想不到连个蚊虫也不放过他。伴一团昏光,在宣纸上写下反抗和自嘲的文字,他只有这一个权利了。三更过后,人们早已进入安睡中,门外的巷里,突然飘来一阵敲小竹梆的声音。郁达夫爬起来,出去看是挑担卖馄饨和圆子的小贩。过去这情景很少见,这么偏僻清冷的街巷都来卖。这些迹象表明,社会动荡不安,经济萧条,百姓的生存艰难。郁达夫的第二任妻子王映霞,多少年以后,在自传回忆这段生活,她的文字中流露出"五味"的情感:

就在移居杭州的第二个月,我生下第四个孩子耀春,又名亮。已经有三个儿子了。对于现实的生活环境,虽然清苦一些,但我相当满意。家的命运,孩子的命运,我不懂什么意思?与郁结婚后发生过几件上边提到的事,引起我幻灭的悲哀,都因

郁达夫的第二任妻子王映霞,曾就读于浙江女子师范学校,秀外慧中,曾被誉为"杭州第一美人"。1927年,郁达夫与王映霞在上海邂逅,上演了现代文坛一段轰轰烈烈的恋爱传奇。

此渐渐地黯淡下去。

初到杭州时,我只觉得换了一个新鲜环境,心境开朗,还没有体味出杭州的特殊境遇。两三个月以后,警察局派来了几个人,说是来检查书籍的。这个时候,我才暗中感受到自己一贯疏忽政治的可怕。继之而来的,便是各式人等接二连三的来访,有的自称是"同学",还有的竟在当地报刊登出了访问特写。这就很自然地给我们招来了不少未名和好奇的来访者,增添了麻烦和嘈杂。从此,我们这个自以为还算安静的居处,不安又不静起来。比如,今天到了一个京剧名角,捧场有我们的份儿;明日为某人接风或饯行,也有给我们请帖;什么人的儿女满月,父母双寿,乃到小姨结婚等,非要来接去喝酒不可。累得我们竟无半日闲暇,更打破了多年来我们家庭中的书香气氛。我这个寒士之妻,为了应酬,也不得不旗袍革履,和先生太太们来往了起来,由疏而亲,由亲而密的。所谓"座上客常满,杯中本不空",正是我们那一时期热闹的场面。同时因为有东道主的招待,也就饱赏了游山玩水的滋味,游历了不少名胜。①

郁达夫曾经给王映霞写过一封信,表达自己的人生想法,"朝来风色暗高楼,偕隐名山誓白头"这样的诗句,是他一生追求的理想境界。王映霞认为,不过是一两句诗,文人的感情抒发,有时只是空谈而已。然而几年后,郁达夫做出决定,去实践诗中的隐居理想的诺言。

一开始的时候,很少有人知道郁达夫迁居杭州,远离上海滩,他少了人与事的烦扰。新家有一些寂寞,第一天的晚上,

---

① 王映霞著:《王映霞自传》,第117页,合肥:黄山书社,2008年版。

躺在床上对环境不适应，翻来覆去的心思太多，总不能马上入睡。失眠是痛苦的，郁达夫挑灯，拿出新出版的《两地书》，在长夜中细读。他记得"有一位批评家说，作者的私记，我们没有阅读的义务。"郁达夫对这句话很欣赏，一家书店找到他，想出一本书信集，被郁达夫谢绝。他认为隐私的事情不便于流露，让世人发现自己的秘密。拿私生活换钱，出卖肉体不是真正的文人，这些东西是死后的事情，谁愿意出谁出。鲁迅是郁达夫的朋友，更是一位师长，通过读鲁迅和许广平的书信，不像那位评论家说的一样，字里行间读出另一种东西。郁达夫使用一个长句，"许多许多平时不容易看到的社会黑暗面来。至如鲁迅先生的诙谐愤俗的气概，许女士的诚实庄严的风度，还是在长书短简里自然流露的余音，由我们熟悉他们的人看来，当然更是味中有味，言外有情，可以不必提起，我想就是绝对不认识他们的人，读了这书至少也可以得到几多的教训，私记私记，义务云乎哉？"郁达夫不轻易地表露内心的想法，他感受得到鲁迅的真实和勇敢。一部私人书信，本是两个人的事情，但有着愤世嫉俗的战士的斗气。郁达夫忘记时间的存在，从半夜读到天亮。读完《两地书》，郁达夫一夜没有睡觉，反而感觉浑身充满力气，有一股难耐的兴奋。6点钟过去，郁达夫下楼洗漱，换了一身衣服，不想和家里人打招呼，独自走出家门。郁达夫回味书中的文字，他觉得自己要做点什么，最后决定去杭城东边，看太阳升起的情景。

夜里下的小雨停住了，马路低洼的地方积存着泥水。天空被阴云笼罩，一团团地挤压在一起，看不到新升的太阳。天气不好，街上来往的行人稀少，从小巷里走到东街，街两边的店铺，开门的不多。

一个人走在大街上,想起夜里读的书,耳边响起鲁迅的声音。他走的步子不快,围绕附近转了个弯儿,又回到一条走过的路上。向前面望去,有一不大的土山,山下一段泥路和小池塘。附近的地方,郁达夫记得少年时来过。二十多年前,他有一位亲戚,在这儿的报国寺里当军官,还有他的二哥在陆军学堂做学生。他来了兴致,决定爬上小山,眺望灰蒙蒙的城市街景。郁达夫加快脚步,气喘吁吁地爬山。

对于郁达夫的移家杭州,鲁迅曾审时度势,以"钱王登遐仍如在,伍相随波不可寻。"(《阻郁达夫移家杭州》)劝谕郁达夫杭州环境险恶,并非居留之地。而郁达夫却以"买椟还珠"的姿态,弃内中深意于不顾,仅仅将诗作当作装饰挂于室内。几年之后,他回首前尘,方才幡然悔悟:"我因不听他的忠告,终于搬到杭州去了,结果竟是不出他之所料,被一位党部的先生弄得家破人亡。"

郁、王在杭州期间一直纠纷不断,如曹聚仁所言:一个诗人,若活在历史里是仙人,若是住在你们家楼上,则是一个疯子。王映霞晚年回忆说:"'风雨茅庐'给我带来的不是安定和幸福,而是动荡和痛苦。"郁、王二人的婚姻总共维持了十二年,双方于1940年正式离婚。从上海到杭州,到福州,再到新加坡,乱世风云,儿女情仇,在时间的荒原上,兜兜转转,欲理还乱。[1]

作为师长鲁迅,通过一首诗,暗喻杭州并非是世外桃源。搬不搬家是私人事。鲁迅的眼光犹如手术刀一般,对于国民的

---

[1] 富利刚著:《儿时曾作杭州梦——郁达夫的杭州片断》,原载《杭州日报》,2009年8月4日。

鲁迅与郁达夫

心态剖析的淋漓尽致。同样是作家,用文字表达喜怒哀乐的人生,但是两位作家的不同,就在这里体现出。云开雾散,东边天际露出几点白。土山不算高,却能望到很远,东面是临平山、皋亭山、黄鹤,峰峦叠嶂。郁达夫在土山上转了几圈,环视一周后,由远及近地估摸,知道自己现在的位置。郁达夫的新家是在军装局的北面,而这个土山接着城墙,围绕军装局的外围。郁达夫这时才明白,早晨听到的一阵号声来自哪里,走出家门不远,就看见荷枪直立的士兵。

在一处羁住久了,精神上习惯上,自然会生出许多霉烂的斑点来。更何况洋场米贵,狭巷人多,以我这一个穷汉,夹杂在三百六十万上海市民的中间,非但汽车,洋房,跳舞,美酒等文明的洪福享受不到,就连吸一口新鲜空气,也得走十几里路。移家的心愿,早就有了;这一回却因朋友之介,偶尔在杭城东隅租着一所适当的闲房,筹谋计算,也张罗拢了二三百块洋钱,于是这很不容易成就的戋戋私愿,竟也猫猫虎虎地实现了。小人无大志,蜗角亦乾坤,触蛮鼎定,先让我来谢天谢地。

"好得很!好得很……"郁达夫心里盘算,"前有图书,后有武库,文武之道,备于此矣!"自作自乐,平常中找到快乐,这是一种很久没有的感觉。另一个蓝图计划,在郁达夫心中形成。

是人多愁,是人善感

我跟随郁达夫,来到秋天的苏州,
一出车站,望到破败的景象,车上女学生继续旅行的失望,
各种情感交杂在一起,郁达夫的情绪一跌千丈。

　　郁达夫是个多情的人,对事情观察细腻,而且容易触景生情。随着季节的变化,早晚温差变化大,单衣抵抗不住凉意,需要添件夹衣。郁达夫因为凉爽,一缕愁绪涌上心间,他想"楼头思妇,见了鹅黄的柳色,牵情望远,在绸衾的梦里,每欲奔赴玉门关外去"。淡淡的情丝,不似火焰来得凶猛,燃烧得壮丽。那愁绪撕扯成一丝丝,缠绕人的心上,使愁绪和思念交织一张大网。在情感网的笼罩下,他走出家门到外面散步。
　　我站在窗前,看着飘落的小雪。进入腊月,离新年越来越近,心思也变得越来越复杂。小时盼望年能穿新衣服,可以吃好东西,得到长辈的压岁钱,人一过五十,对过年的情感淡漠。过年对于我是梳理和回忆,使我长久的沉在过去的日子里。这种

心态和郁达夫一样,天气对心理影响太大,它调控人的情绪温度。郁达夫记得那一天,9月3日,一个难得好天气,秋高气爽,几片淡青的空处,浮荡白云间,传递秋天的气息。

这一天的早晨,郁达夫的老乡沈君,从老远的地方跑到他家,一脸喜悦地说:"今天我要上苏州去。"

郁达夫望着友人兴奋的样子,向外面望去,街上的嘈杂声不时地冲进来,郁达夫觉得远方等待着他的光临。9点40分,他们出现在车站上,踏上三等车厢,坐上奔向苏州的火车

郁达夫少年读《古唐诗合解》,他对诗词情有独钟,古典潜伏在心中,很多东西考古借今。郁达夫好像是一个多余的人,他生活在诗韵的文字中,不适应于现实生活。旅途刚开始,"仙侣同舟!"跑进郁达夫的情感中,他说"古人每当行旅的时候,老在心中窃望着这一种艳福。我想人既是动物,无论男女,欲念总不能除,而我既是男人,女人当然是爱的"。郁达夫毫无准备的和沈君匆忙坐上火车,车厢里的人拥来挤去,空气变得污浊。举杯对青天,相邀古人,郁达夫想来踏秋吟诗,不想到这么乱。嘈杂声打消一半的情趣,窗外闪过的大地,变换的风景,吸引不了他的目光。挤进几个人,她们的笑声从人群中窜出,青春的女学生,在恶劣的环境下,还是有说有笑,郁达夫想开口问:"明眸皓齿的这几位女青年,你们可是上苏州去的吗?"郁达夫被她们活泼的样子感染,但是这么多人的面前,主动搭讪陌生的女学生很不好意思。他不时地瞧两眼,吸几口她们散发的香气。郁达夫感慨万分,修复消失的愁绪,秋天总是这么恼人,是人多愁,是人善感。

"仙侣同舟"的故事,不断地推动情节发展,且听下回分

1927年的郁达夫

解。郁达夫同车的"仙侣",从她们的着装表现,一定是女学校的学生。本来和友人到苏州踏秋,她们活泼的纯真,使郁达夫感觉到美丽的"恶魔",淹没他的愁绪。青春的身体,如同"仙侣"一般,他胡思乱想,仿佛看到仙女白衣纱衣裙,汲取清泉,水面映出她们的倒影。仙女身体凹凸自然,婀娜多姿,迈着富有韵律的步子。郁达夫告诉自己,她们是女学生不是仙女。

  非但如此,为这一件事情的缘故,我简直不能把她们当做我的同胞看。这是什么呢,这便是她们故意想出风头而用的英文的谈话。假使我是不懂英文的人,那么从她们的绯红的嘴唇里滚出来的叽哩咕噜,正可以当做天女的灵言听了,倒能够对她们更加一层敬意。假使我是崇拜英文的人,那么听了她们的话,也可以感得几分亲热。但是我偏偏是一个程度与她们相仿的半通英文而又轻视英文的人,所以我的对她们的热意,被她们的谈话一吹几乎吹得冰冷了。世界上的人类,抱着功利主义,受利欲的催眠最深的,我想没有过于英美民族的了。但我们的这几位女同胞,不用《西厢》《牡丹亭》上的说白来表现她们的思想,不把《红楼梦》上言文一致的文字来代替她们的说话,偏偏要选了商人用的这一种有金钱臭味的英语来卖弄风情,是多么煞风景的事情啊!你们即使要用外国文,也应选择那神韵悠扬的法国语,或者更适当一点的就该用半清半俗,薄爱民语(La languedes Bohemiens),何以要用这卑俗英语呢?啊啊,当现在崇拜黄金的世界,也无怪某某女学等卒业出来的学生,不愿为正当的中国人的糟糠之室,而愿意自荐枕席于那些犹太种的英美的下流商人的。我的朋友有一次说,"我们中国亡了,倒没有什么可惜,我们中国的女性亡了,却是很可惜的。现在在洋场上作寓公的有钱有势的中国的人物,尤其是外交商界政界的人物,他们的妻女,差不多没有一个不失身于外国的下流流氓的,你看这事伤心不伤心哩!"我是两性问题上的一个国粹保存主义者,最不忍见我国的娇美的女同胞,被那些外国流氓去捉践。我的在外国留学时代的游荡,也是本于这主义的一种复仇的心思。我现在若有黄金千万,还想去买些白奴来,供我们中国的黄包车夫苦力小工享乐啦!

坐在奔驰的火车上,面对素不相识的女学生,发出一阵牢骚。郁达夫不满意,"唉唉!"结束发泄的旅途。风来了,吹得水荡起涟漪,郁达夫转过脸往车窗外看去,眼前是广阔的田野,蔓延的草地,和远处清溪的茅舍。

"啊啊,那一道隐隐的飞帆,这大约是苏州河吧?"一条河流闯入视野里,沿岸的树木,映衬河上行走的帆船。郁达夫看到船,想到家乡的富春江,他急忙地大叫沈君。沈君不知琢磨什么事,没有来得及回答,一边的老先生说:"是的,那是苏州河,你看隐约的中间,不是有一条长堤看得见嘛!没有这一条堤,风势很大,是不便行舟的。"

隐约的长堤,护着盛大的水,乘客纷纷向窗外望去。郁达夫看见了一个湖,风吹起无数的清波,层层地叠涌。湖的东岸边上,生长矮树林,如同守护的哨兵。天空阴沉遮住秋高气爽的季节,郁达夫始终认为,岸边的树林,一定是白杨林。

一路上郁达夫虽然和几个女学生不说一句话,但她们之间交流的说话声,不时地钻进他的耳朵里。旅途中有甜美的声音

苏州烟雨记

相伴,便不会感受到寂寞,火车过了阳澄湖,同车的旅客向外面眺望,苏州快到了。郁达夫望到苏州城内的尖塔,女学生欢快地说:"苏州到了!"

"可惜我们不能下去!"

从她们的口音中辨出,她们说的不是柔软的苏州腔,大约是从南京来的学生。郁达夫知道她们不是同路人,不可能一道下车,还是有一种失望。

郁达夫祝她们旅途顺利,随着下车的人群走出车站。他们在街边等一会儿,串来过去的全是人。路的两旁停着等候拉客的黄包车、马车,车夫立在驴马边上,眼睛中流出焦急的目光,不断地东瞧西望,盼望坐车的客人来。各自抢活拉,同行互不相让,骂声不时地响起。道两旁的杨柳,脏污的马路,远处有一道长而且矮的土墙,这些情景是郁达夫对苏州的最初印象。我跟随郁达夫,来到秋天的苏州,一出车站,望到破败的景象,车上女学生继续旅行的失望,各种情感交杂在一起,郁达夫的情绪一跌千丈。看到这里,我的心情不好受,被无名的东西撞动,不知如何安慰他。

我来到窗前,外面的雪停一会儿,接着又落一阵。北方的天空,比郁达夫看到的坏多了。我理解他的心境,作为一个文人,只能做一点文章,按郁达夫的话说,发个"臭屁",他还能做什么呢?

晚上接到友人的电话,我们谈到郁达夫,谈到历史的细节。放下电话,我走出郁达夫的世界,回到现实中。坐在一边喝茶,心想我们年纪不轻,还在为了写作拼命,听着窗外的鞭炮声,又一个新年,一天天走近。

我无法忘记,郁达夫和友人来苏州,阴湿的云低垂似乎掉下。他们在上海动身,天空被灰云吞没。郁达夫向天空观望,突然被落下的两三滴雨点打中。

"危险危险,今天的一场冒险,怕要失败。"

站前无遮无拦,雨水下大,避雨都来不及。他们急忙招来几个马车夫,一番讨价还价,准备雇一辆车,马上离开这里。

他们踏在苏州的土地上,沈君来过一两次,但他记不清自己来多少回。郁达夫这次来是随友人凑热闹,根本没有新想法。马夫问他们"上哪里去?",郁达夫顺嘴答道,似乎是一句玩笑话:"到苏州去!"沈君看出郁达夫的心思,赶忙对马车夫说:"到府门去多少钱?"

马车夫是老江湖,从他们的神情,揣摸出对方的心态。他说话亲近,如同老熟人的样子,大方地说少要点,只需三块大洋。郁达夫一听说太贵,对方便让了一块。郁达夫还觉得贵,说了半天,又便宜五角。郁达夫让对方再少一些,这回他们再不让一步。天气越来越坏,说不准什么时候下起大雨,郁达夫他们,坐进一辆马车里,离开火车站前。先是几滴小雨,接着是大雨,坐在马车上,郁达夫庆幸自己当机立断,要不就变成了落汤鸡。马车在雨中前行,蹄声敲打地面的声音和雨水的下落声,交织混杂在一起。斜刮来的雨丝,偶尔钻进车篷中,呼吸湿润的气息,透过雨帘观望青色的草原,烟雨朦胧的树林,水湿的城墙,护城河变得急促地流淌。画面构成长卷的水墨画,郁达夫欣赏中,想起火车上的几位"仙侣",甜美的嗓音留在他的记忆中。经凉风一吹,一切烦恼消失,走进大自然中,郁达夫忘记半年来生活困窘的状况,和以卖文为生,还要受小人恶毒攻击的烦闷

经历。郁达夫暂时得到快乐,有了一段诗兴,吟出一首小诗:

秋在何处,秋在何处?
在蟋蟀的床边,在怨妇楼头的砧杵,
你若要寻秋,你只需去落寞的荒郊行旅,
刺骨的凉风,吹消残暑,
漫漫的田野,刚结成禾黍,
一番雨过,野路牛迹里贮着些儿浅渚,
悠悠的碧落,反映在这浅渚里容与,
月光下,树林里,萧萧落叶的声音,便是秋的私语。

郁达夫为得到小诗,十分得意,醒过神来的时候却感觉不大对头。马车不是在城中走,而是来到了一片荒凉的地方。荒郊野外,前方是望不尽的土路,他们有些害怕。马车夫看上去相貌不善,也许设的是"仙人跳",大白天拦路抢截。郁达夫探出头去,大声地问车夫:"喂!你把我们拖上什么地方去?"马夫被这一声,吓了一大跳,从坐凳上掉下去。马被主人的突发事件惊吓,跳了一阵子。马车夫很有经验,手中的马缰绳握牢不放,只是虚惊一场,没有发生大危险。车夫一边爬起来,一边不时对郁达夫说:"先生!老实说,府门是送不到的,我只能送你们上洋关过去的密度桥上。从密度桥到府门,只有几步路。"

车夫一口苏州话,郁达夫觉得这样的男人,未必会做出粗莽的行动。郁达夫瞧对方比较老实,放下心不再多说话。

马车到一座桥前,郁达夫和友人下车,付了说好的车费,顶着小雨去沈君的朋友家。

由于雨天,友人沈君待在家中,郁达夫他们推开门,他高兴地迎出来。沈君向友人介绍郁达夫,施君对郁达夫说:"原来就是郁君么?难得难得,你做的那篇……我已经拜读了,失意人谁能不同声一哭!"

一阵寒暄后,郁达夫了解到,施君和他同乡。三个人越谈越投机,他是性情中人,做事从不绕弯子,觉得友人相见,不喝点小酒难以助兴。他于是话头一转,久别重逢似的说:"施君,你没有事么?我们一同去吃饭吧。"

进了封建时代的古城,经过了几条狭小的街巷,更越过了许多环桥,才寻到了沈君的友人施君的寓所。进了葑门以后,在那些清冷的街上,所得着的印象,我怎么也形容不出来,上海的市场,若说是二十世纪的市场,那么这苏州的一隅,只可以说是十八世纪的古都了。上海的杂乱和情形,若说是一个BusyPort,那么苏州只可以说是一个Sleepytown了。总之阊门外的繁华,我未曾见到,专就我于这葑门里一隅的状况看来,我觉得苏州城,竟还是一个浪漫的古都,街上的石块,和人家的建筑,处处的环桥河水和狭小的街衢,没有一件不在那里夸示过去的中国民族的悠悠的态度。这一种美,若硬要用近代语来表现的时候,我想没有比"颓废美"的三字更适当的了。况且那时候天上又飞满了灰黑的湿云,秋雨又在微微的落下。

尽管是在雨中,不经意间地走过一个地方,然而郁达夫的眼睛过目不忘,能够记录下一段文字。郁达夫肚子饿得直响,在雨中寻找吃饭的地方，却很让他失望。"严衙前附近，都是钟鸣鼎食之家，所以找不出一家菜馆来。没有方法，我们只好进一家名锦帆榭的茶馆，托茶博士去为我们弄些酒菜来吃。"天空不赏脸，细雨下个不停，他们不想冒雨奔走，于是就走进那家茶馆。

郁达夫喜欢观察，初到一个地方，对人文、民俗、地理，想多了解一些。对有文化味的建筑，不错过一处细节。喝茶不能过三，雨终于停止，郁达夫催促朋友们，一同出茶馆，到各处逛一下。穿过狭小的卧龙街，他们一直走，在前方拐了一个弯，走不出多远，街上的人和店多起来。苏州风景独好，过去街头卖古书、旧货的店铺最多，现在少多了，卖的多是时尚商品。施君对他们说："玄妙观就要到了，这就是观前街。"

友人陪他们参观玄妙观，他仔细地观望，连小角落也不放过。郁达夫觉得玄妙观现在的样子，和他想象中的差不多。这里给他留下的印象，只有两件事情，其一是几个女青年，在一家乐器铺里买箫。她们纤细的手，摩挲古老的箫，指尖压在箫眼，吹出苍凉的声音。这样的声音，引起郁达夫对前尘往事的怀念。另一个离玄妙观门口不远处，在一家书馆里，有年轻的学生，在购买郁达夫和友人主编的杂志。

玄妙观里有许多家茶馆，这是公共空间里苏州人形成的独特文化现象。茶馆的门口是一个窗口，各种人物从这里进出，很多的信息从这进去，又被传播出来，郁达夫直白地说：

早晨一早起来，就跑上茶馆去。在那里有天天遇见的熟脸。对于这些熟脸，有妻子的人，觉得比妻子还亲而不狎，没有妻子的人，当然可把茶馆当做家庭，把这些同类当做兄弟了。大热的时候，坐在茶馆里，身上发出来的一阵阵的汗水，可以以口中咽下去的一口口的茶去填补。茶馆内虽则不通空气，但也没有火热的太阳，并且张三李四的家庭内幕和东洋中国的国际闲谈，都可以消去逼人的盛暑。天冷的时候，坐在茶馆里，第一个好处，就是现成的热茶。除茶喝多了，小便的时候要起冷噤之外，吞下几碗刚滚的热茶到肚里，一时却能消渴消寒。贫苦一点的人，更可以藉此熬饥。若茶馆主人开通一点，请几位奇形怪状的说书者来说书，风雅的茶客的兴趣，当然更要增加。有几家茶馆里有几个茶客，听说从十几岁的时候坐起，坐到五六十岁死时候止，坐的老是同一个座位，天天上茶馆来一分也不迟，一分也不早，老是在同一个时间。非但如此，有几个人，他自家死的时候，还要把这一个座位写在遗嘱里，要他的儿子天天去坐他那一个遗座。近来百货店的组织法应用到茶业上，茶馆的前头，除香气烹人的"火烧""锅贴""包子""烤山芋"之外，并且有酒有菜，足可使茶馆一天不出外而不感得什么缺憾。像上海的青莲阁，非但饮食俱全，并且人肉也在贱卖，中国的这样文明的茶馆，我想该是二十世纪的世界之光了。

郁达夫是作家，他懂得中国人的文化心态。小时候在家乡，各种事情的消息，大多从茶馆里向四面八方辐射出。童年心目中的英雄阿千，经常出入茶馆，和大人们一块喝茶，听他们说古论今，这样的生活他很羡慕。

雨后空气清新，郁达夫和友人出了玄妙观，接着去遂园。从一个破旧的门口进去，拐几个弯，走过几条小弄，终于来到遂园。大半天的游逛,对于苏州的建筑,郁达夫有了初步的了解。但凡进出的大门口,不是装饰的富丽堂皇,而是狭窄破败,穿越狭长的几条小巷,曲曲折折才能到敞亮的地方。

苏州的遂园是一个古典庭园,园中布置假山,堆砌的有池水有亭阁。一架小桥,几片竹林和树木,池水之上浮动着几片残落的荷花荷叶。这些景象激不起游兴,反而让人感到秋意,荷花池边上有一座亭子,郁达夫和朋友点一壶茶,喝完以后,不再多停留一会。园子里变得热闹,在正厅上,看见穿绸绣缎的绅士淑女们,还有坐在桌前喝茶、嗑瓜子,等开场的说书人。

看到书中郁达夫的神情,我合上书,将故事留在黄昏,我穿好羽绒服,下楼来到户外。断断续续的小雪,没有铺得一地银白,一边落下,一边随着在地上融化。我想象的踏雪散步,变作一场梦中的情景。

郁达夫不知为什么,心中弥漫的愁绪,怎么也摆脱不掉。我看着他走出遂园,时间不早了,他劝施君自己回家。留下一些时间,郁达夫与沈君闲逛,在街头溜达一会儿,后来决定去虎丘。

遂园

秋天的故都

南方的秋天,偏阴柔的调子,
不似北方的秋天,悲凉的大气磅礴。

    郁达夫重游故地,唤醒旧日的记忆。特殊的季节,使人多了一份忧郁。郁达夫说的"悲凉",道出人生的沧桑感。离开北平这么多年,选择秋天来,是为了体味"悲"和"凉"吗?什么地方都有秋天,但人的感受不同。

    1913年,第一次到北京,那是郁达夫去日本留学之前。21年的漂泊后,再次回到今非昔比的故都,他感慨颇多。复杂的感情不是时间可以剪断,在故都的一年多里,经历求生的艰难,遇到人生最大的不幸。1926年6月19日,龙儿患脑膜炎夭折,中年丧子的打击,不是任何人承受了的。对于古老的都城,他是爱恨交织,踏上这片土地,面对过去的情景,已经掩埋的悲痛,又钻出时间的积压。在复杂情感下,"总是好的;可是啊,北国的秋,却特别来得清,来得静,来得。我的不远千里,要从杭州赶上青岛,更要从青岛赶上北平来的理由,也不过想尝一尝这'秋',这故都的秋味。"

江南的家乡,是郁达夫的生命源泉,从小生长在富春江边,那里的秋与北方不一样。草木不会一夜间凋落,而是缓慢的到来。空气不干燥,天空淡淡的蓝,经常下起小雨,很少有刮风,起沙尘暴的情景。南方的秋天,偏阴柔的调子,不似北方的秋天,悲凉的大气磅礴。郁达夫在外漂泊,对季节的转变敏感,也从中悟出很多的道理。没有经过北方秋的人,绝不会知道秋的滋味。在苏州、上海、杭州,这样的大城市里,混在人群中为了生存奔波,难得注意秋的性格,只能觉得一丝清凉。秋的气味,秋的色彩,秋的诗意,秋的悲凉都感受不透。秋是生命过程的一个季节,"并不是名花,也并不是美酒,那一种半开、半醉的状态,在领略秋的过程上,是不合适的。"秋风吹拂在身上,重游旧地,目睹着木叶飘零,想起一些旧事情,时间的逝去,使他的内心满怀悲戚。回忆昔日的人情物事,历经多舛人生的郁达夫,内心情感所剩只有悲凉。

作者紧扣"清""静""悲凉",选择不同的景物,从不同的角度加以渲染,描绘了"我"所感受到的北京的秋味、秋色和秋的意境与姿态。文章情景交融,浑然一体。强烈的自传色彩郁达夫说,"文学家的作品多少总带有自传的色彩的"(《奇零集》)。《故都的秋》中,郁达夫是这样体现"自传的色彩"的:首先是展开了他"自我"的一段思想轨迹。1933年4月,由于国民党白色恐怖等原因,郁达夫迁避杭州,开始了离群索居、寄情山水的生活,仅写了一些山水游记,1934年发表的《故都的秋》正反映了作者当时苦闷的心情。文中写道:"我的不远千里,要从杭州赶上青岛,更要从青岛赶上北平来的理由,也不过想饱尝一尝这'秋',这故都的秋味。"在郁达夫看来,秋景最能表现作家孤凄伤感的情绪,最能映照他忧虑冷落的心境,最能勾起他深藏心底的"一种不能自已的深情"。这种思想感情,抒写着一位仰慕光明,但又没有勇气真正参加革命的知识分子的颤抖心灵,刻下了他在这段日子里的一段思想轨迹,它只属于郁达夫的。其次是展示了郁达夫"自我"的一种内心的忧虑和孤独。①

肺结核对于一生的创作影响极大,本来郁达夫的身体不强壮,他得了这种病后,心中的焦虑,疾病的纠缠,使他感到孤独。伤感、忧郁、悲凉充斥作品中,形成特殊的风格。秋天旧地重游,那股阴郁无法摆脱掉。

郁达夫离开故都,已将近十余年。在遥远的南方,每一到秋天,看到街边的树木,叶子仍然挂满绿意,他想起陶然亭,那里有一片芦花,钓鱼台生长的柳树,地上的阴匝,西山不绝的虫唱,夜晚玉泉水中的月亮,潭柘寺的悠悠钟声。在北平日子,有过很多快乐的时光,清晨坐在院子中,泡一壶浓茶,看着高远的天空,听到鸽哨声。阳光从槐树叶筛落,铺下一根根光线,墙壁上爬满牵牛花的蓝花朵,从花的变化中体味秋意。郁达夫在关于《山水及自然景物的欣赏》中指出:

无论是一篇小说,一首诗,或一张画,里面总多少含有些自然的分子在那里;因为人就是上帝所造的物事之一,就是自

---

① 袁长蕴著:《情景交融物我合———郁达夫〈故都的秋〉赏析》,原载《青苹果》,2004年,第4期。

然的一部分,绝不能够离开自然而独立的。所以欣赏自然,欣赏山水,就是人与万物调和,人与宇宙合一的一种谐和作用,照亚里士多德的说法,就是诗的起源的另一个原因,喜欢调和的本能的发露。

自然的变化,实在多而且奇,没有准备的欣赏者,对于他的美点也许会捉摸不十分完全的;就单说一个天体罢,早晨的日出,中午的晴空,傍晚的日落,都是最美也没有的景象;若再配上以云和影的交替,海与山的参错,以及一切由人造的建筑园艺,或种植畜牧的产物,如稻麦、牛羊、飞鸟、家畜之类,则仅在一日之中,就有万千新奇的变化,更不必去说暗夜的群星,月明的普照,或风、雷、雨、雪的突变,与四季寒暖的更迭了。

我们人类,大家都有一种特性,就是喜新厌旧,每想变更的那一种怪习惯;不问是一个绝色的美人,你若与她日日相对,就要觉得厌腻,所以俗语里有"家花不及野花香"的一句;或者是一碗最珍贵最可口的菜,你若每日吃着,到了后来,也觉得宁愿去换一碗粗肴淡菜来下饭;唯有对于自然,就绝不会发生这一种感觉,太阳自东方出来,西方下去,日日如此,年年如此,我们可没有听见说有厌看白天晚上的一定轮流而去自杀的人。还有月亮哩,也是只在那么循行,自有地球有人类以来的一套老调,初一出,月半圆,月底全没有,而无论哪一处的无论哪一个人,看了月亮,总没有不喜欢的,当然瞎子又当别论了。自然的伟大,自然的与人类有不可须臾离的关系,就此一点也可以看出来了,这就是欣赏自然景物的人类的天性。

人是自然的一部分,对自然的爱,其实是对自己的爱。郁

故都的秋

达夫精于观察，敏感的心有了太多的情。他察看北国的槐树，凋落的花蕊被夜风打下，早晨起来铺得满地。清扫工一阵清扫过后，留下笤帚的印痕，想起古人的"一叶而天下知秋的遥想"。

郁达夫所写的北方秋天，使我想起童年时，我家后园的情景。到了六月，有飞来飞去的蜻蜓、蝴蝶，菜地里跳来跳去的蚂蚱。母亲给我做了一个套子用来抓蜻蜓。下午不上课，我经常在后园玩耍，窜来窜去追赶蜻蜓。逮住的蜻蜓，用毛毛狗的草茎穿上，攒多了丢到圈里喂小鸡。有时观看绿色的菜虫子，在叶子上蠕动，我拿两根树枝，挟着菜虫扔到鸡圈里，虫子还没有落地，就会遭到一群鸡的疯抢。

邻居给了母亲一包向日葵籽，她沿着板障子边缘种上。向日葵比菜长得快，几场雨后就能蹿得很高。细长的茎叶上，圆圆的花盘向着太阳，呈现密麻麻的花蕊，引来嗡嗡作响的蜜蜂，在阳光下颤动薄翼，不知劳苦地辛勤采撷。黄色的叶子环绕花盘，宛如稳固的墙壁，保护花蕊和成熟的果实。

冬天腌酸菜的缸很大，屋里的空间小，夏天就将它移到后园。抓蜻蜓累了，便去挪动大缸。缸的体积重，地上压出的凹痕，使得缸底寄生的一群潮虫，四处乱爬。我从鸡圈抓来两只鸡，蹲在一旁，望着鸡和虫子大战。鸡不停地啄食，将虫子吞进肚里。雨季到来了，天阴沉沉的。由于气压低，灶坑不好烧，厨房里的烟气，呛得人咳嗽流眼泪。不管刮风下雨，我戴着草帽到后园，沿着墙根走到烟囱前。每家的烟囱下，都会留一块活动的砖，天气不好，烟不走烟道往回倒时，就要在那里烧火。我蹲下身子，打开活动的砖，半个身子露在外面被雨淋得凉湿。雨越下越大，烟囱里烧的火顶出潮气，终于冒出浓黑的烟，在潮湿的空气中缓慢地飘散。青蛙旁若无人,我小心摘下草帽扣了过去,慢慢地掀开一看,什么也没有,青蛙在菜地里叫几声,宣告我的失败。母亲喊我吃饭:

"还玩呀,不上学了?"

"我这就回去。"

雨中的后园,土路被雨泡囊。我的塑料凉鞋沾满泥,一走一滑。

夏天雨水多,菜的长势旺盛。阴天下雨的日子,菜店里很少卖菜,我家的饭桌上却很丰盛。

夜晚闷热无风,毫无睡意,屋子里钻进植物的清馨气味。眼皮变得涩重,什么时间睡着的都不知道。

秋天,一场大雨后,后园植物凋零。茄子被摘干净,叶子就失去鲜活,地里的菜全部被摘光,好像经受了一场劫难。一阵秋风,杨树叶子刮得满天飞舞,落了一地干枯的黄叶。

后园热闹的日子,成了昨天的事。蜻蜓、蝴蝶、蚂蚱不见了。只有鸟儿栖落杨树的枝干上,寂寞地歌唱。

有时母亲站在那儿,看着衰败的后园,我不理解她的目光。

秋一天天的深了。

不久以后,大雪封盖后园。一片白茫茫的露不出土色。

我生长在北方,对秋天的脾性熟悉,欣赏郁达夫笔下的秋天,尤其北方的秋天。郁达夫观察细腻,语言颇具特色,秋蝉的叫声,他比喻成为北国的特产,这是很多作家想象不到的说法。秋天北方的各处,都能听得见它们的鸣叫,不是什么新鲜物。而郁达夫说秋蝉,在南方只有郊外或山上听得到的。

值得一提的还有秋雨,北方的秋雨似喝酒的男人,性格豪爽,激情火爆，如同郁达夫说的"下得有味，下得像样"。一个"像样"，回味绵长，使鲜活的形象过目不忘。

郁达夫白描地记录故都的生活情状，秋天灰沉沉的天空下，刮来一阵凉风，接着下起雨。雨过天晴，秋风阵阵刮过，云被吹向西面，太阳终于出来。他夹杂在人群中收起雨伞，穿青布单衣或夹袄的百姓，对于突变的天气习以为常，叼着烟管，在雨后的街道，走在桥头上，或在树底下站一会儿，如果碰见熟人，悠闲地打招呼：

"唉，天可真凉了——"（这了字念得很高，拖得很长。）

"可不是吗？一层秋雨一层凉了！"

印象派绘画，通过捕捉大自然的变化，形成瞬间的"印象"，来增加画面的生动。郁达夫就是使用文字的线条，在稿纸上描绘北方的秋天。秋来了，北方的枣子树，"屋角，墙头，茅房边上，灶房门口，它都会一株株地长大起来。"这是丰收的季节，有一天枣树叶子落下，枣子摘完后，猛烈的西北风扑来，风沙漫卷的北方变成另一番景象。

有些批评家说，中国的文人学士，尤其是诗人，都带着很浓厚的颓废色彩，所以中国的诗文里，颂赞秋的文字特别多。但外国的诗人，又何尝不然？我虽则外国诗文念得不多，也不想开出账来，做一篇秋的诗歌散文钞，但你若去一翻英德法意等诗人的集子，或各国的诗文的 Anthology 来，总能够看到许多关于秋的歌颂与悲啼。各著名的大诗人的长篇田园诗或四季诗里，也总以关于秋的部分，写得最出色而最有味。足见有感觉的动物，有情趣的人类，对于秋，总是一样的能特别引起深沉，幽远，严厉，萧索的感触来的。不单是诗人，就是被关在牢狱里的囚犯，到了秋天，我想也一定会感到一种不能自己的深情；秋之于人，何尝有别，更何尝有人种阶级之分呢？不过在中国，文字里有一个"秋士"的成语，读本里又有着很普遍的欧阳子的秋声与苏东坡的赤壁赋等，就觉得中国的文人，与秋的关系特别深了，可是这秋的深味，尤其是中国的秋的深味，非要在北方，才感受得底。

南国的秋天别具一格，有它的独特风韵。廿四桥的明月，钱塘江秋潮的壮烈，普陀山缠绕的浓雾，荔枝湾中的残荷败叶。这些色彩不浓，与北方的秋天比较，回味不浓烈，郁达夫认为，真要对比的话，"比起北国的秋来，正像是黄酒之与白干，稀饭之与馍馍，鲈鱼之与大蟹，黄犬之与骆驼。"

秋天是美好的季节，特别是北国的秋天，郁达夫说道"若留得住的话，我愿把寿命的三分之二者去，换得一个三分之一的零头。"

从郁达夫的怀旧中走出，心中结下的"悲凉"，我无法摆脱掉。

山水中的思考

郁达夫如同站在山顶一样,他的作品处于风口浪尖上,从大的背景来说,这是一个大变革的时代,人们在寻找出路。

临平是一个小镇,坐落在杭州和海宁之间,从杭州向东去,不到六七十里地的路程。临平境内多水,河流环绕,水路四通八达,去湖州、禾郡,可以到松江上海。因水形成小镇,生活在这里的居民,估计有八九百家。多湿的气候,适应生产一些农产品,"柳叶菱塘,桑田鱼市,麻布袋,豆腐皮,酱鸭肥鸡,茧行藕店。"一年四季,农产商品不断地上市。郁达夫发现丁字路口拐弯不远处,有一家挂青布帘,"摇漾的杏花村——是酒家的雅号,本名仿佛是聚贤楼"。

曾坐沪杭甬的通车去过杭州的人,想来谁也看到过临平山的一道青嶂。车到了硖石,平地里就有起几堆小石山来了,然而近者太近,远者太小,不大会令人想起特异的关于山的概念。

一到临平,向北窗看到了这眠牛般的一排山影,才仿佛是叫人预备着到杭州去看山看水似地,心里会突然的起一种变动;觉得杭州是不远了,四周的环境,确与沪宁路的南段,沪杭甬路的东段,一望平原,河流草舍很多的单调的景色不同了。这临平山的顶上,我一直到今年,才去攀涉,回想起来,倒也有一点 浅淡的佳趣。

临平山不是名山,远处一看太小了,"不大会令人想起特异"。就是这么小的山,山脚的这个小镇,引起郁达夫的兴趣,多了一份游兴。郁达夫去的那天,坐的是从杭州十点钟左右发的慢车。那一天是假期,三位朋友一同出游,郁达夫有几位老乡,在临平做地方官。老乡听说他这一段闲得无聊,做事提不起精神,一篇文章不写,认为郁达夫在书中坐的时间长了,应该到乡下,呼吸一点新鲜空气。邀请郁达夫和他的朋友,找个机会去临平散心,回归大自然是一件好事。他理解朋友的心思,老友新朋相聚,畅所欲言,有朋友远方来,自然少不了酒的助兴,在一家名叫"聚贤"楼上,背对一窗阳光,喝了两斤老酒,酒后情浓,诗人的冲动不拘小节,兴致起来了,干脆脱掉袍子,大伙商量地说:"去,去爬山去!"

走出小镇向西,朋友们一路说笑,不时惊飞树上的鸟儿。穿过一个桥洞,来到一条大道旁,看到不远处,一座银匠店头的招牌,北面的那座山是临平山,南面有一条小河。郁达夫和友人们,观察一下地理环境,选择最佳的路线。其实登临平山,还有别的路可行,走这条路,是为了看一下当地的名树,安隐寺的一棵梅树。

相传说,安隐寺在唐宣宗时,名字叫做永兴院,吴越时代名安于院。到了宋治平二年，一直用现在这个名。明末清初的临平人，沈去矜谦做了一部《临平记》，后来的临平人，写了不少的文章，最好的一篇，是描写安隐寺里的"唐梅"。

自然景物所包含的方面，原是极博大、极广阔的；像上面所说的天地岁时、社会人事，静而观之，无一不是自然，无一不可以资欣赏，但这却非要悠闲自得，像朱夫子那样的道学先生才办得到；至于我们这种庸人，要想得到些自然的美感，首先，还是上山水佳处去寻生活，较为直截了当；古往今来，闲人达士的游山玩水的习惯的不易除去，甚至于有渴慕烟霞成痼疾的原因，大约总也就在这里。

大抵山水佳处，总是自然景物的美点发挥得最完美，最深刻的地方。孔夫子到了川上，就觉悟到了他的栖栖一代，猎官求仕之非；太史公游览了名山大川，然后才死心塌地，去发愤而著书。可知我们平时所感受不到的自然的威力，到了山高水长的风景聚处，就会得同电光石火一样，闪耀到我们的性灵上来；古人的讲学读书，以及修真求道的必须要入深山傍大水去结庐的理由，想来也就在想利用这一点山水所给予人的自然的威力。

对于自然，郁达夫有自己的看法，他关于山水及自然景物的文章，阐述了对山对水的理解。安隐寺在临平山的西边，寺门前有一口四方的小井，井栏刻有"安平泉"三个字。酒兴正足，走来的路上，淌出一些汗水，血液中的酒精燃烧诗人的心。他不会放过这个机会，将文化四处传播，"诸君若要一识这安平泉的传达过去,和沿临平山一带的许多寺院的兴废,以及鼎湖的何以得名,孙皓的怎么亡国(我所说的是天玺改元的那一回事情)等琐事的,请去翻一翻沈去矜的《临平记》,张大昌的《临平记补遗》,或田汝成的《西湖志余》等就得,我在这里,只能老实地说,那天我们所看到的安隐寺,实在是破败得可以,那一棵出名的'唐梅',树身原也不小,但我却怎么也不想承认它是一千几百年前头的刁钻古怪鬼灵精。"百花之中,只有梅敢于斗冰雪,它的香自岁寒。从古至今,多少文人骚客,使它进诗入画。郁达夫在唐梅前绕几圈,这株树的每一个痕迹都是历史的见证,保存时代的气息。诗人面对古树,不可能平心静气,它仿佛一册打开的黄卷,扑面而来的尽是古老的前尘往事,"你且想想看,南宋亡国,伯颜丞相,岂不是由临平而入驻皋亭的么?那些羊膻气满身满面的元朝鞑子,哪里肯为中国人保留着这一株枯树?"郁达夫感慨万千,如果庙被毁掉,树还能存在么?唐梅真是不怕水火,那么可神了。

郁达夫游记不是纯写景抒情的游记,它具有浓厚的文化色彩。作家以传神之笔,不仅对各地的山水名胜进行了准确生动的描写,还一如既往地在作品中保持着对历史文化、民间文化和佛教文化的浓厚兴趣。郁达夫笔下的景物已不是现实景物的原样翻版,而是渗透着作者的主体情感、审美情趣和文化修养。[①]

评论家刘茂海说,郁达夫的游记不是单纯为了游玩,记下一些美山秀水,满足猎奇人们的心理。他的游记里有对历史文化的思考,发出对现实的呐喊。

---

① 刘茂海著:《论郁达夫纪游散文中的文化色彩》,原载《西北民族大学学报(哲学社会科学版)》,2005年,第1期。

《郁达夫游记》

安隐寺的客厅上，郁达夫喝了一碗茶，欣赏着墙上的字画，在享受美的同时，也是对古人行注目礼。一行人付了茶钱，离开寺庙走向山上。山脚下有许多人，挥舞手中的工具在那里砍树。声音打破山上的寂静，传播出很远，郁达夫看到这样的情景，积存起来的诗兴，瞬间被毁灭掉。他气得不能自制，停住脚步愤怒地问他们："这些树木，是谁叫你们来砍的？""除了这些山的主人之外还有谁呢？"郁达夫望着地上，乱七八糟地堆放着的松杉树干，心疼得恨不能把这几个人揍上一顿。

毁树的情景，打乱郁达夫的心，往下游玩的情绪消失殆尽，脚步走起路来越发沉重。直到快爬上山顶时，心情才稍好一些。临平山不大，不是名山胜地，郁达夫平常缺少体育锻炼，天天和文字打交道，这时变得气喘吁吁。山上的空气清新，吹来阵阵小风，人的情绪变好。站在山顶上，眺望钱塘江雾气缭绕，对岸的青峰，脚下小镇的人家。沪杭线上，铁轨上奔跑的火车，车头冒出的白烟，一声汽笛的长鸣，使郁达夫的心胸豁然敞亮，在现实和历史中，一个人思考很多的东西。

郁达夫曾经到过兰溪，隔江眺望横山，感觉兰阴山平淡无奇。第二天，郁达夫进入山的深处，一路攀爬，登高处四望，反而觉得兰溪的可爱，横山绝不可不到了。临平山横山有点相像，名字不诱人，无什么奇特的风景。远看临平山，山貌不奇，不过是光秃的小山。如果登到山顶俯瞰远眺，才发现它的重要性，杭城的东面，要是没有它的存在，可以说缺少什么。

郁达夫的散文充满了深沉的文化气味，然而却并非往风景里填充历史，比之时下的大历史散文更具体验性。有人说，阅读到了一定程度就只剩下资料和知识,也许对于专业知识和学术研究,确乎如此。带有情绪的文章大多有两个缺点,一是主观性过强,二是资料不足的臆断。然而,人类并非储存资料和知识的机器,除了精准与严谨之外,还有感情。感情本就是主观性,而且具有较大私密性,面对风景,人所要表达的不止是对自然的敬畏,还会思考自己的位置。这就不免要融入自己的情感,对于散文而言,情感不仅重要,而且必须。那些号称不带感情的纯美散文,不但空洞,而且干巴。

郁达夫处于一个大变革的时代,不但社会变化剧烈,而且文学主张甚至文字叙述方式也发生了极大变化。然而,就像同代人一样,他们摧毁旧的文风(例如桐城派等旧式行文风格),抛弃旧的文体(推行白话文运动),但同时又有新的建设。他们在文章上的建设吸收了外来特征,同时又汲取了中国传统文学中的源泉。①

郁达夫如同站在山顶一样,他的作品处于风口浪尖上,从大的背景来说,这是一个大变革的时代,人们在寻找出路。郁达夫读了一些文献资料,临平山的半腰,原来有一个大洞。洞的石壁上,刻有"翼拱之凌晨游此,时康定元年四月八日"的字迹。郁达夫说"小康王也是一个康,康定元年也是一个康,两康一混,就混成了小康王的避难。大约因此也就成全了那个道观,龙洞道观的所以得至今庙貌重新,游人争集者,想来小康王的功劳,一定要居其大半。"从龙山走出时,天色不早,郁达夫和友人一路快走,急忙下山搭车赶回杭州。

---

① 司马白羽:《一个时代的山水之媚》,原载《黔中早报》,2012年10月30日。

第三卷

心灵的荒原

「郁达夫在前面走,我们跟在后面,沿着被他情感染得潮湿的文字地图,陶醉在广袤的山水与纯粹的灵魂之间。

郁达夫回忆鲁迅

鲁迅曾经对郁达夫解读过诗的意思,诗中直指杭州的一些政客是个危险的环境。

几年后,当鲁迅去世,郁达夫在杭州的经历,证明鲁迅的前瞻,对国民性的深刻剖析的理解。

　　这不是一般的坏消息,是一次致命的打击。郁达夫在福建任职,有一天晚上,他在"南台"的一家饭馆陪朋友们吃饭。在座的一个日本的新闻记者,看到郁达夫突然问他,接道鲁迅逝世的消息没有。郁达夫一听,半天无任何反应,大睁眼睛,望着记者的嘴。他安慰自己,害人的谣言,可能是同盟社一伙人造的谣言。不久前的上海,他才和鲁迅见过面,谈了很多的东西,他们相邀秋天一同到日本观赏红叶。郁达夫漂在福建,时时牵挂鲁迅的情况,始终不断联系,通过朋友传递信息,知道他近来生病。郁达夫和鲁迅是老朋友,一向知道他身体瘦弱,"老有因为落夜而致伤风的习惯",郁达夫心中祝福,告诫自己这些传闻是误传。那一天晚上,好喝酒的郁达夫心中闹得慌,坐得不安宁，便不等散席，早早地退场。福建报纸上，有一篇郁达夫的演讲稿子要发表，有些地方必须改动一下。从饭馆离开后，郁达夫一路步行，觉得心事太重，他没有回住处，直奔报馆去。

为了明天报纸的出版，夜晚十点钟，是编辑们最忙的时候。郁达夫情绪低落地来到报馆，和一位熟悉的编辑说了不过几句话的工夫，国内时事的编辑，拿了中央社的电稿，紧张地递给他，白纸黑字上写道："著作家鲁迅，于昨晚在沪病故。"

郁达夫不敢相信自己的眼睛，读出这样的坏消息，证明那个日本记者的消息，不是胡乱说出的。郁达夫呆立半天，不知道说什么，不敢再确定信息的真假。他的手颤抖不听使唤，在一张稿纸上，草写了一段电文："上海申报转许景宋女士：骤闻鲁迅噩耗，未敢置信，万请节哀，余事面谈。"郁达夫一夜未睡，带着疲惫和怀念，来不及处理身边的事情，第二天的清晨，匆忙地踏上"三北公司的靖安轮船"，急忙奔赴上海。

鲁迅的葬事，实在是中国文学史上空前的一座纪念碑，他的葬仪，也可以说是民众对日人的一种示威活动。工人，学生，妇女团体，以前鲁迅生前的知友亲戚，和读他的著作，受他的感化的不相识的男男女女，参加行列的，总有一万人以上。当时中国各地的民众正在热叫着对日开战，上海的知识分子，尤其是孙夫人蔡先生等旧日自由大同盟的诸位先进，提倡得更加激烈，而鲁迅适当这一个时候去世了，他平时，也是主张对日抗战的，所以民众对于鲁迅的死，就拿来当作了一个非抗战不可的象征；换句话说，就是在把鲁迅的死，看作了日本侵略中

胶州路万国殡仪馆附近送葬的队伍

胶州路万国殡仪馆附近

第三卷 心灵的荒原

国的具体事件之一。在这个时候,在这一种情绪下的全国民众,对鲁迅的哀悼之情,自然可以不言而喻了;所以当时全国所出的刊物,无论哪一种定期或不定期的印刷品上,都充满了哀吊鲁迅的文字。

但我却偏有一种爱冷不感热的特别脾气,以为鲁迅的崇拜者、友人、同事,既有了这许多追悼他的文字与著作,那我这一个渺乎其小的同时代者,正可以不必马上就去铺张些我与鲁迅的关系。在这一个闹热关头,我就是写十万百万字的哀悼鲁迅的文章,于鲁迅之大,原是不能再加上以毫末,而于我自己之小,反更足以多一个证明。因此,我只在《文学》月刊上,写了几句哀悼的话,此外就一字也不提,一直沉默到了现在。现在哩!鲁迅的《全集》,已经出版了;而全国民众,正在一个绝大的危难底下抖擞。在这伟大的民族受难期间,大家似乎对鲁迅个人的伤悼情绪,减少了些了,我却想来利用余闲,写一点关于鲁迅的回忆。若有人因看了这回忆之故,而去多读一次鲁迅的集子,那就是我对于故人的报答,也就是我所以要写这些断片的本望。

1936年11月1日,《文学》第七卷第五号,刊发郁达夫的《怀鲁迅》。鲁迅的逝世,不是寻常老人的丧事,郁达夫高度地评价鲁迅的一生,他使用"生死,肉体,灵魂,眼泪,悲叹,"的词组,总结出鲁迅的一生。鲁迅的离去,人们对他的怀念,一天天的深刻。鲁迅和郁达夫是现代文学史上的最重要的两位大作家,他们出生在浙江那片土地上,受到吴越文化的影响。两个人的性格不相同,鲁迅文字的刀锋,斩向黑暗的旧势力,

1930年郁达夫和鲁迅应内山完造之邀在功德林出席上海漫谈会

批判民族的劣根性。恨的另一方面，也有一种爱，大恨和大爱，形成鲁迅文字的力量。郁达夫表达忧郁、感伤的情感，更多的是自我。两种不同的文风，不同的对人生的看法，他们有一个共同的目标，就是对人的爱。

郁达夫对于第一次和鲁迅见面的时间，初识的地方记得十分清楚，"北平西城的砖塔胡同一间坐南朝北的小四合房子里"。色彩对人的记忆很重要，那一天阴沉的天气，在郁达夫的记忆中深刻，所以凭这个印象，他肯定说自己是在北平。这一年冬天，郁达夫受聘于北大教书，时间可能下午，大约三四点钟的样子。

不知为了什么事情，郁达夫想不起缘由去看鲁迅。他住的那一间房子，郁达夫一生忘不了，在这里他认识了鲁迅，开始中国文学史上值得纪念的日子。

是在那两座砖塔的东北面，正当胡同正中的地方。一个三四丈宽的小院子，院子里长着三四棵枣树。大门朝北，而住屋——三间上房——却朝正南，是杭州人所说的倒骑龙式的房子。

那时候，鲁迅还在教育部里当佥事，同时也在北京大学里教小说史略。我们谈的话，已经记不起来了，但只记得谈了些北大的教员中间的闲话，和学生的习气之类。

他的脸色很青，胡子是那时候已经有了；衣服穿得很单薄，而身材又矮小，所以看起来像是一个和他的年龄不大相称的样子。

他的绍兴口音，比一般绍兴人所发的来得柔和，笑声非常之清脆，而笑时眼角上的几条小皱纹，却很是可爱。

房间里的陈设，简单得很；散置在桌上。书橱上的书籍，也并不多，但却十分的整洁。桌上没有洋墨水和钢笔，只有一方砚瓦，上面盖着一个红木的盖子。笔筒是没有的，水池却像一个小古董，大约是从头发胡同的小市上买来的无疑。

他送我出门的时候，天色已经晚了，北风吹得很大；门口临别的时候，他不晓说了一句什么笑话，我记得一个人在走回寓舍来的路上，因回忆着他的那一句，满面还带着了笑容。

富阳和绍兴属于浙江省，他们是大老乡。在这干冷的北方，遇到家乡的人，情感上自然不一样，很快地熟络起来。鲁迅的微笑，给了郁达夫太多的温暖，那一幕情景，烙在郁达夫记忆的深处。几年后，鲁迅定居上海，郁达夫和王映霞去北戴河避暑，顺路游玩到了北平。王映霞当时出于好奇心，逼郁达夫陪她去"鲁迅自己造的那一所西城象鼻胡同后面西三条的小房子里"，去看朱夫人。

郁达夫和鲁迅相识不久，周氏兄弟之间产生矛盾，他听朋友说了一些，但事情的原因复杂。清官难断家务事，究竟为了什么，只有兄弟俩人明白。从此以后，兄弟一生没有和解。周氏哥儿俩，原本是住在八道湾的大房子，这是几年前，他们将绍兴老家的祖屋卖掉，买下这座房子，修葺以后，一大家子人住在那里了。后来，兄弟之间闹意见不合，鲁迅搬了出来。鲁迅住在砖塔胡同，郁达夫登门拜访，是在这个四合院子里。郁达夫听过一些关于兄弟俩的传言："据凤举他们的判断，以为他们弟兄间的不睦，完全是两人的误解。周作人氏的那位日本夫人,甚至说鲁迅对她有失敬之处。但鲁迅有时候对我说:"我对启明,总老规劝他的,教他用钱应该节省一点,我们不得不想想将来,但他对于经济,总是进一个花一个的,尤其是他那位夫人。"从这些地方,会合起来,对他们反目的真因,也可以猜度到一二成了。不过凡是认识鲁迅,认识启明及他的夫人的人,都晓得他们三个人,完全是好人;鲁迅虽则也痛骂过正人君子,但据我所知的他们三人来说,则只有他们才是真正君子。现在颇有些人,说周作人已作了汉奸,但我却始终仍是怀疑。所以,全国文艺作者协会致周作人的那一封公开信,最后的决定,也是由我改削过的;我总以为周作人先生,与那些甘心卖国的人,是不能作一样的看法的。"

鲁迅在教育部任职,薪水发不全,只发到二至三成。人们心里有气,不可能按时去上下班,鲁迅省出很多的时间教书,写文章。他写了很多的短文,由他的学生孙伏园约去在《晨报副刊》刊发。鲁迅同时在北大教书,还兼任师大的课程。孙伏园负责编报纸副刊,曾经为了鲁迅的一首诗,和刘勉己氏大闹翻脸了。鲁迅的学生,李小峰与伏园联手,共同策划出版了《语丝》。这是现代文学史上,第一家以散文为主的文学刊物,继承"五四"的思想精髓,除旧立新、新潮先锋,放纵而谈。团结在刊物周围的作家,有林语堂、俞平伯、刘半农、徐旭生等人。周氏兄弟是《语丝》的核心,每次文友聚会吃饭,鲁迅都不出席。他不愿与周作人碰面,很长一段时间中,鲁迅隐居生活,在社交圈子中不露一次脸。不管是谁请客,鲁迅都不会赏脸光临,平常的时候,除了和少数几个人小酌之外,不搞大规模的请客。朋友们都知道他的脾气,时间一久,习惯成自然了,待到他去厦门大学任教，局面才有些改变了。

鲁迅关注文学青年，对他们无微不至的爱护。《语丝》创刊以后，新人的稿子很多是鲁迅推荐过来的。"他对于高长虹他们的一集团，对于沉钟社的几位，对于未名社的诸子，都一例地在为说项。"

鲁迅和许广平的认识，是他在女师大教书期间，正是"三一八"惨案之前，章士钊任教育部部长时，只使刘百昭，动用"老妈子军以暴力"，准备解散女师大的时候。

鲁迅是充满良知的作家，他对于世间不公平的事情，喜欢打抱不平。章士钊横行霸道的做法，违背民意，对教育部下达解散女师大的指令，他和许季弗、沈兼士、马幼渔等人，联合起来坚决反对。鲁迅是教育部的佥事，在风口浪尖上，他敢反对顶头上司的指示，章士钊气愤地下令，将他开除撤职。鲁迅是横眉冷对，不会屈服恶势力的逞强，一纸状书，向平政院控告章士钊的劣迹，提起行政的诉讼。鲁迅的愤怒，化作文字的子弹，写出犀利的文章，发表在《语丝》上，攻击《现代评论》的为虎作伥。

围绕《现代评论》的一批人，是英国留学生，其中两湖人偏多，他们和章士钊，不论从哪一方面，都倾向于教育部这一边。鲁迅孤身奋战，攻击这伙绅士爱憎不分的态度，《现代评论》为得到一点好处，丧失道德的底线。这一时期鲁迅的杂文，是他最含热意的文字。在无硝烟的拼杀中，正义和邪恶在激烈的斗争，鲁迅和许广平，也有了进一步了解的机会。

在这前后，我和他见面的次数并不多，因为我已经离开了北平,上武昌师范大学文科去教书了,可是这一年(民十三)暑假回北京,看见他的时候,他正在做控告章士钊的状子,而女师大为校长杨荫榆的问题,也正是闹得最厉害的期间。当他告诉我完了这事情的经过之后,他仍旧不改他的幽默态度说:"人家说我在打落水狗,但我却以为在打枪伤老虎,在扮演周处或武松。"

这句话真说得我大笑了起来。可是他和景宋女士的认识,以及有什么来往,我却还一点儿也不曾晓得。

直到两年之后,他因和林文庆博士闹意见,从厦门大学回上海的那一年暑假,我上旅馆去看他,谈到了中午,就约他及景宋女士与在座的许钦文去吃饭。在吃完饭后,茶房端上咖啡来时,鲁迅却很热情地向正在搅咖啡杯的许女士看了一眼,又用诚告亲属似地热情的口气,对许女士说:

"密丝许,你胃不行,咖啡还是不吃得好,吃些生果罢!"在这一个极微细的告诫里,我才第一次看出了他和许女士中间的爱情。

从此之后,鲁迅就在上海住下了,是在闸北去窦乐安路不远的景云里内一所三楼朝南的洋式弄堂房子里。他住二层的前楼,许女士是住在三楼的。他们两人间的关系,外人还是一点儿也没有晓得。

鲁迅烟瘾很大,他吸的烟牌子,一般是"哈德门"。郁达夫对于鲁迅生活中的细节,观察得详细,并保存在记忆中。"当他在人前吸烟的时候,他总探手进他那件灰布棉袄的袋里去摸出一枝来吸;他似乎不喜欢将烟包先拿出来,然后再从烟包里抽出一枝,而再将烟包塞回袋里去。"郁达夫写下的细节,描绘出真实的鲁迅,绝不故意夸大。鲁迅的一举一动,似乎都在郁达夫的眼前,还能闻到"哈德门"香烟味。

鲁迅是平常的人,他从不摆谱,对于酒的档次和烟也是一样。他的酒量不大,可以喝一点,郁达夫回忆说,在北平的时候,"曾和他在东安市场的一家小羊肉铺里喝过白干",后来到上海,更多的是喝黄酒。

许广平是鲁迅的学生,也是生活中的伴侣。她关心鲁迅的身体健康,不放过每一处地方,有一次闲聊中,许广平问他,"周先生平常喜欢喝一点酒,还是给他喝什么酒好"郁达夫如实地回答,当然黄酒第一。许广平说,"他喝黄酒时,老要量喝得很多,所以近来她在给他喝五加皮。并且说,因为五加皮酒性太烈,她所以老把瓶塞在平时拔开,好教消散一点酒气,变得淡些。"

郁达夫听到这些,感动得眼泪要流出。许广平在朴实中透出的爱,温暖体贴人心。这件事情发生不久,有一天,鲁迅送了郁达夫"两瓶十多年陈的绍兴黄酒"。他说是绍兴同乡从家乡带来送他的礼物。郁达夫这时放心,知道今后鲁迅,不会再喝伤身子的烈酒。

郁达夫说记忆力不好,对于时间及人的姓名不敏感。有些人见过一面,过一段再碰面,就不知叫什么了。因为交往过,又不好意思开口问对方的大名。鲁迅很注重每一次见面的细节,"或和他在文字上有点纠葛过的人",他都会详细地记录下来,不可能遗忘。

后来郁达夫回忆说,鲁迅来到上海的日子是十八年前,那是春夏之交时季。鲁迅离开厦门大学之后,到广州中山大学住过一年,然后回到上海。原因是他和顾颉刚有了冲突,脱离中山大学,恐受当局的压迫拘捕,曾在广州闲住了半年多的时间。

在这前后,我和他见面的次数并不多,因为我已经离开了北平,上武昌师范大学文科去教书了,可是这一年(民十三)暑假回北京,看见他的时候,他正在做控告章士钊的状子,而女师大为校长杨荫榆的问题,也正是闹得最厉害的期间。当他告诉我完了这事情的经过之后,他仍旧不改他的幽默态度说:"人家说我在打落水狗,但我却以为在打枪伤老虎,在扮演周处或武松。"

这句话真说得我大笑了起来。可是他和景宋女士的认识,以及有什么来往,我却还一点儿也不曾晓得。

直到两年之后,他因和林文庆博士闹意见,从厦门大学回上海的那一年暑假,我上旅馆去看他,谈到了中午,就约他及景宋女士与在座的许钦文去吃饭。在吃完饭后,茶房端上咖啡来时,鲁迅却很热情地向正在搅咖啡杯的许女士看了一眼,又用诚告亲属似地热情的口气,对许女士说:"密丝许,你胃不行,咖啡还是不吃得好,吃些生果罢!"在这一个极微细的告诫里,我才第一次看出了他和许女士中间的爱情。

从此之后,鲁迅就在上海住下了,是在闸北去窦乐安路不远的景云里内一所三楼朝南的洋式弄堂房子里。他住二层的前楼,许女士是住在三楼的。他们两人间的关系,外人还是一点儿也没有晓得。

鲁迅烟瘾很大,他吸的烟牌子,一般是"哈德门"。郁达

鲁迅、许广平与儿子海婴的合影

夫对于鲁迅生活中的细节，观察得详细，并保存在记忆中。"当他在人前吸烟的时候，他总探手进他那件灰布棉袄的袋里去摸出一枝来吸；他似乎不喜欢将烟包先拿出来，然后再从烟包里抽出一枝，而再将烟包塞回袋里去。"郁达夫写下的细节，描绘出真实的鲁迅，绝不故意夸大。鲁迅的一举一动，似乎都在郁达夫的眼前，还能闻到"哈德门"香烟味。

鲁迅是平常的人，他从不摆谱，对于酒的档次和烟也是一样。他的酒量不大，可以喝一点，郁达夫回忆说，在北平的时候，"曾和他在东安市场的一家小羊肉铺里喝过白干"，后来到上海，更多的是喝黄酒。

许广平是鲁迅的学生，也是生活中的伴侣。她关心鲁迅的身体健康，不放过每一处地方，有一次闲聊中，许广平问他，"周先生平常喜欢喝一点酒，还是给他喝什么酒好"郁达夫如实地回答，当然黄酒第一。许广平说，"他喝黄酒时，老要量喝得很多，所以近来她在给他喝五加皮。并且说，因为五加皮酒性太烈，她所以老把瓶塞在平时拔开，好教消散一点酒气，变得淡些。"

郁达夫听到这些，感动得眼泪要流出。许广平在朴实中透出的爱，温暖体贴人心。这件事情发生不久，有一天，鲁迅送了郁达夫"两瓶十多年陈的绍兴黄酒"。他说是绍兴同乡从家乡带来送他的礼物。郁达夫这时放心，知道今后鲁迅不会再喝伤身子的烈酒。

郁达夫说记忆力不好，对于时间及人的姓名不敏感。有些人见过一面，过一段再碰面，就不知叫什么了。因为交往过，又不好意思开口问对方的大名。鲁迅很注重每一次见面的细节，"或和他在文字上有点纠葛过的人"，他都会详细地记录下来，不可能遗忘。

后来郁达夫回忆说，鲁迅来到上海的日子是十八年前，那是春夏之交时季。鲁迅离开厦门大学之后，到广州中山大学住过一年，然后回到上海。原因是他和顾颉刚有了冲突，脱离中山大学，恐受当局的压迫拘捕，曾在广州闲住了半年多的时间。

在这半年中，我譬如是一只雄鸡，在和对方呆斗。这呆斗的方式，并不是两边就咬起来，却是振冠击羽，保持着一段相当距离的对视。因为对方的假君子，背后是有政治力量的，你若一经示弱，对方就会用无论哪一种卑鄙的手段，来加你以压迫。

"因而有一次，大学里来请我讲演，伪君子正在庆幸机会到了，可以罗织成罪我的证据。但我却不忙不迫的讲了些魏晋人的风度之类，而对于时局和政治，一个字也不曾提起。"在广州闲住了半年之后，对方的注意力有点松懈了，就是对方的雄鸡，坚忍力有点不能支持了；他就迅速地整理行囊，乘其不备，而离开了广州。

人虽则离开了，但对于代表恶势力而和他反对的人，他却始终不会忘记。所以，他的文章里，无论在哪一篇，只教用得上去的话，他总不肯放松一着，老会把这代表恶势力的敌人押解出来示众。

对于这一点，我也曾再三地劝他过，劝他不要上当。因为有许多无理取闹，来攻击他的人，都想利用了他来成名。实际上,这一个文坛登龙术,是屡试屡验的法门;过去曾经有不少的青年,围攻击鲁迅而成了名的。但他的解释,却很彻底。他说:他们的目的,我当然明了。但我的反攻,却有两种意思。第一,是正可以因此而成全了他们;第二,是也因为他们,而真理念得阐明。他们的成名,是焰火似地一时的现象,但真理却是永久的。"

他在上海住下之后,这些攻击他的青年,越来越多了。最初,是高长虹等,其次是太阳社的钱杏屯等,后来则有创造社的叶灵凤等。他对于这些人的攻击,都三倍四倍地给予了反攻,他的杂文的光辉,也正因了这些不断的搏斗而增加了熟练与光辉。他的《全集》的十分之六七,是这种搏斗的火花,成绩俱在,在这里可以不必再说。

此外还有些并不对他攻击,而亦受了他的笔伐的人,如张若谷,曾今可等;他对于他们,在酒兴浓溢的时候,老笑着对我说:我对他们也并没有什么仇。但因为他们是代表恶势力的缘故,所以我就做了堂·克蓄德,而他们却做了活的风车。"关于堂·克蓄德这一名词,也是钱杏屯他们奉赠给他的。他对这名词并不嫌恶,反而是很喜欢的样子。同样在有一时候,叶灵凤引用了苏俄讥高尔基的画来骂他,说他是"阴阳面的老人",他也时常笑着说:"他们比得我太大了,我只恐怕承当不起。"创造社和鲁迅的纠葛,是开始在成仿吾的一篇批评,后来一直地继续到了创造社的被封时为止。

鲁迅身边布满险恶,不时遇到冷箭暗枪飞来,但他对创造社,也常有"讥讽的言语,散发在各杂文里;但根底却并没有恶感"。鲁迅到广州去之前,郁达夫知道,他有意和创造社联合成一条战线，共同与反动势力对抗。这一些事情的经过，很少有人了解，只有郁达夫和鲁迅、许广平知道。

王独清从中挑拨离间，后来创造社分成派别，郁达夫眼睛里不能掺沙子，不与脏污之流同路，气愤之下，宣布脱离创造社。"一批幼稚病的创造社同志，受了王独清等的煽动，与太阳社联合起来攻击鲁迅，但我却始终以为他们的行动是越出了常轨，所以才和他计划出了《奔流》这一个杂志。"

《奔流》的出版，在中国文学史上，是一个里程碑的转折点。鲁迅的心胸并不狭窄，也不是想和创造社进行对抗，办这么一个刊物。鲁迅是为了一个更大的理由，"用意是在想介绍些真正的革命文艺的理论和作品，把那些犯幼稚病的'左'倾青年，稍稍纠正一点过来"。

郁达夫对鲁迅主编《奔流》评价极高，他认为"是鲁迅的一生之中，对中国文艺影响最大约一个转变时期。"

在这一年当中，鲁迅的介绍左翼文艺的正确理论的一步工作，才开始立下了系统。而他的后半生的工作的纲领，差不多全是在这一个时期里定下来的。

当时在上海负责在做秘密工作的几位同志，大抵都是在我静安寺路的寓居里进出的人；左翼作家联盟，和鲁迅的结合，实际上是我做的媒介。不过，左联成立之后，我却并不愿意参加，原因是因为我的个性是不适合于这些工作的，我对于我自己，认识得很清，绝不愿担负一个空名，而不去做实际的事务；所以，左联成立之后，我就在一月之内，对他们公然的宣布了辞职。

但是暗中站在超然的地位，为左联及各工作者的帮忙，也着实不少。除来不及营救，已被他们杀死的许多青年不计外，在龙华,在租界捕房被拘去的许多作家,或则减刑,或则拒绝引渡,或则当时释放等案件,我现在还记得起来的,当不只十件八件的少数。

鲁迅的热心于提拔青年的一件事情,是大家在说的。但他的因此而受痛苦之深刻,却外边很少有人知道。像有些先受他的提拔,而后来却用攻击的方法以成自己的名的事情,还是彰明显著的事实,而另外还有些"挑了一担同情来到鲁迅那里,强迫他出很高的代价"的故事,外边的人,却大抵都不晓得了。在这里,我只举一个例:

在广州的时候,有一位青年的学生,因平时被鲁迅所感化而跟他到了上海。到了上海之后,鲁迅当然也收留他一道住在景云里那一所三层楼的弄堂房子里。但这一位青年,误解了鲁迅的意思,以为他没有儿子——当时海婴还没有生——所以收留自己和他住下,大约总是想把自己当作他的儿子的意思。后来,他又去找了一位女朋友来同住,意思是为鲁迅当儿媳妇的。可是,两人坐食在鲁迅的家里,零用衣饰之类,鲁迅当然是供给不了的;于是这一位自定的鲁迅的子嗣,就发生了很大的不满,要求鲁迅一定要为他谋一出路。

鲁迅没法子,就来找我,教我为这青年去谋一职业,如报馆校对,书局伙计之类;假使是真的找不到职业,那么亦必须清一家书店或报馆在名义上用他做事,而每月的薪水三四十元,当由鲁迅自己拿出,由我转交给这书局或报馆,作为月薪来发给。

这事我向当时的现代书局说了,已经说定是每月由书局和鲁迅各拿出一半的钱来,使用这一位青年。但正当说好的时候,这一位青年却和爱人脱离了鲁迅而走了。

这一件事情，我记得章锡琛曾在鲁迅去世的时候写过一段短短的文章；但事实却很复杂，使鲁迅为难了好几个月。从这一回事情之后，鲁迅就爱说"青年是挑了一担同情来的"趣话。不过这仅仅是一例，此外，因同情青年的遭遇，而使他受到痛苦的事实还正多着哩！

民国十八年以后，因国共分家的结果，有许多青年，以及正义的斗士，都无故而被牺牲了。此外，还有许多从事革命运动的青年，在南京，上海，以及长江沈域的通都大邑里，被捕的，正不知有多少。在上海专为这些革命志士以及失业工人等救济而设的一个团体，是共济会。但这时候，这救济会已经遭了当局之忌，不能公开工作了；所以弄成请了律师，也不能公然出庭，有了店铺作保，也不能去向法庭请求保释的局面。在这时候，带有国际性的民权保障自由大同盟，才在孙夫人（宋庆龄女士）蔡先生（孑民）等的领导下，在上海成立了起来。鲁迅和我，都是这自由大同盟的发起人，后来也连做了几任的干部，一直到南京的通缉令下来，杨杏佛被暗杀的时候为止。

在这自由大同盟活动的期间，对于平常的集会，总不出席的鲁迅，却于每次开会时一定先期而到；并且对于事务是一向不善处置的鲁迅，将分派给他的事务，也总办得井井有条。从这里，我们又可以看出，鲁迅不仅是一个只会舞文弄墨的空头文学家，对于实务，他原是也具有实际干材的。说到了实务，我又不得不想起我们合编的那一个杂志《奔流》——名义上，虽则是我和他合编的刊物，但关于校对，集稿，算发稿费等琐碎的事务，完全是鲁迅一个人效劳的。

他的做事务的精神，也可以从他的整理书斋，和校阅原稿等小事件上看得出来。一般和我们在同时做文字工作的人，在我所认识的中间，大抵十个有九个都是把书斋弄得乱杂无章的。而鲁迅的书斋，却在无论什么时候，都整理得必清必楚。他的校对的稿子，以及他自己的文章，涂改当然是不免，但总缮写得非常的清楚。

鲁迅是一个父亲，他文字中除了冷酷之外，更多的是温暖和爱。海婴是鲁迅的儿子，一天天长大了，经常跑到书房里，胡乱翻弄他的书本杂志之类，郁达夫每次看见鲁迅，"含着苦笑"不得不对海婴说："你这小捣乱看好了没有。"海婴闹腾一阵，高兴地走了，鲁迅和郁达夫说话，一边将弄乱的书本子整理好。有一次去鲁迅家，海婴说话说得很流畅了，郁达夫来到书房，看见海婴在调皮捣乱，一本本地翻看书中的插画。鲁迅一见郁达夫来访，大笑着对他说："海婴这小捣乱，他问我几时死，他的意思是我死了之后，这些书本都应该归他的。"

鲁迅说完以后，开怀大笑，郁达夫认为，在他的记忆中，是鲁迅最高兴的一次。话从孩子嘴里说出来，是天真可爱，但郁达夫还是觉得不好听，想到"死"，任何人逃脱不了，但对鲁迅这样的人，却是远远的。郁达夫不愿将死和他联在一起。一家人在书房里，被孩子的纯真逗得大笑，不是感觉不吉祥。

这是生活中的小插曲，几年后，鲁迅真的病逝。郁达夫匆忙地赶回上海，"在万国殡仪馆成殓出殡的上午，我一边看到了他的遗容，一边又看见海婴仍是若无其事地在人前穿了小小的丧服在那里快快乐乐地跑，我的心真有点儿绞得难耐。"郁达夫的心被哀伤撕碎了，千言万语积在心中，不知对谁述说。今后想鲁迅的时候，只能去读他的书，回忆他，在文字中体悟

内山书店由日侨内山美喜、内山完造创办,1917年开设于虹口北四川路魏盛里(现四川北路1881弄)。鲁迅在购书中结识了内山夫妇,并结为挚友。

温暖。

鲁迅的著作的出版者,谁也知道是北新书局。北新书局的创始人李小峰,本是北大鲁迅的学生;因为孙伏园从《晨报副刊》出来之后,和鲁迅,启明,语堂等,开始经营《语丝》之发行,当时还没有毕业的李小峰,就做了《语丝》的发行兼管理印刷的出版业者。

北新书局从北平分到上海,大事扩张的时候,所靠的也是鲁迅的几本著作。

后来一年一年的过去,鲁迅的著作也一年一年地多起来了,北新和鲁迅之间的版税交涉,当年成了一个很大的问题。北新对著作者,平时总只含混地说,每月致送几百元版税,到了三节,便开一清单来报账的。但一则他的每月致送的款项,老要拖欠,再则所报之账,往往不十分清爽。

后来,北新对鲁迅及其他的著作人,简直连月款也不提,节账也不算了。靠版税在上海维持生活的鲁迅,一时当然也破除了情面,请律师和北新提起了清算版税的诉讼。

照北新开给鲁迅的旧账单等来计算,在鲁迅去世的前六七年,早该积欠有两三万元了。这诉讼,当然是鲁迅的胜利,因为欠债还钱,是古今中外一定不易的自然法律。北新看到了这一点,就四出的托人向鲁迅讲情,要请他不必提起诉讼,大家设法谈判。

当时我在杭州小住,打算把一部不曾写了的《蜃楼》写它完来。但住不上几天,北新就有电报来了,催我速回上海,为这事尽一点力。

后来经过几次的交涉,鲁迅答应把诉讼暂时不提,而北新亦愿意按月摊还积欠两万余元。分十个月还了；新欠则每月致送四百元，绝不食言。

这一场事情，总算是这样的解决了；但在事情解决，北新请大家吃饭的那一天晚上，鲁迅和林语堂两人，却因误解而起了正面的冲突。

冲突的原因，是在一个不在场的第三者，也是鲁迅的学生，当时也在经营出版事业的某君。北新方面，满以为这一次鲁迅的提起诉讼，完全是出于这同行第三者的挑拨。而忠厚诚实的林语堂，于席间偶尔提起了这一个人的名字。

鲁迅那时，大约也有了一点酒意，一半也疑心语堂在责备这第三者的话，是对鲁迅的讽刺；所以脸色发青，从座位里站了起来，大声地说："我要声明！我要声明！"

他的声明，大约是声明并非由这第三者的某君挑拨的。语堂当然也要声辩他所讲的话，并非是对鲁迅的讽刺；两人针锋相对，形势其弄得非常的险恶。

在这席间，当然只有我起来做和事佬：一边按住鲁迅坐下，一边我就拉了语堂和他的夫人，走下了楼。

这事当然是两方的误解。后来鲁迅原也明白了；他和语堂之间，是有过一次和解的。可是到了他去世之前年，又因为劝语堂多翻译一点西洋古典文学到中国来，而语堂说这是老年人做的工作之故，而各起了反感。但这当然也是误解，当鲁迅去世的消息传到当时寄居在美国的语堂耳里的时候，语堂是曾有极悲痛的唁电发来的。鲁迅住的景云里那一所房子，是在北四川路尽头的西面，去虹口花园很近的地方。因而去狄思威路北的内山书店亦只有几百步路。

书店主人内山完造是鲁迅的朋友，也是郁达夫的朋友，他们这一批在日本留过学的人，喜欢到书店里坐。鲁迅定居上海后，是内山书店的常客。

王映霞在自传中写道和内山完造相识的一些事情，1927年初，王映霞和郁达夫交往不久，有一天，他带王映霞来到内山书店，高兴地向内山夫妇介绍了她。王映霞回忆中说："内山完造是一位忠诚厚道的中年人，有一张方形的脸，人不高也不矮，见人总是九十度鞠躬，非常讲究礼节，如果见有女客的话，会到里面将夫人请出来招待。"郁达夫和王映霞生活在一起后，隔上几天就去一次。好客的内山夫妇，看见他们来，接着就是上茶，递烟给郁达夫，上一些小点心招待。郁达夫一头扎进书堆中，到这里来买书，兜里有钱没有钱无所谓，可以赊账，暂时不必付款。郁达夫两口子经济不宽裕，他买书又无限制，内山先生做事厚道，他知道郁达夫不能交书款，但还是真诚地让他将书带回去，将书款记下来。

"一·二八"淞沪战打响后，鲁迅住的地方非常危险，他十分焦急，不知怎么联系鲁迅，他家"去天通庵只有一箭之路"，开战的第二天，郁达夫时刻担心鲁迅一家人的安危。可是到了第三天，谣言乱飞，郁达夫的耳朵里，挤满各种传说，"说和鲁迅同住的他的三弟乔峰（周建人）被宪兵殴伤了"。1932年2月3日，上海《申报》临时专刊"脱险与失踪"专栏，刊登一则寻人广告。

前北京大学教授周豫才，原寓北四川路，自上月二十九日事变后，即与戚友相隔绝，闻有人曾相见周君被日浪人凶殴，周君至戚冯式文,因不知周君是脱险境,深为悬念,昨晚特来本馆,请求代为登报,征询周君住址。冯君现寓赫德路嘉禾里一四四二号,如有知周君下落者,可即函知冯君。①

就在这天的下午,郁达夫来到内山书店,在分店的楼上见到了鲁迅,他提吊的心终于放下。鲁迅说他也听到很多的谣传,看见郁达夫焦急无奈下,和几位友人在报上登的寻找他的启事。兵荒马乱,人心惶惶,鲁迅"依然不消失他那种幽默的微笑;讲到乔峰被殴伤的那一段谣言的时候,还加上了许多我们所不曾听见过的新鲜资料",这一些事情的经过,证明小人不怕麻烦,喜欢无事生非,幸灾乐祸。在书店鲁迅和他们一起,做出对侵略者的反抗。

在这中间,我们就开始了向全世界文化人呼吁,出刊物公布暴敌狰恶侵略者面目的工作,鲁迅当然也是签名者之一;他的实际参加联合抗敌的行动,和一班左翼作家的接近,实际上是从这一个时期开始的。

"一·二八"战事过后,他从景云里搬了出来,住在内山书店斜对面的一家大厦的三层楼上;租金比较的贵,生活方式也比较得奢侈,因而一般平时要想寻出一点弱点来攻击他的人,就又像是发掘得了至宝。

但他在那里住得也并不久,到了南京的秘密通缉令下来,上海的反动空气很浓厚的时候,他却搬上了内山书店的北面,新造好的大陆新村(四达里对面)的六十几号房屋去住了。在这里,一直住到了他去世的时候为止。

---

① 郁达夫著:《寻找鲁迅启事》,第74页,上海:上海文化出版社,2006年版。

南京的秘密通缉令，列名者共有六十几个，多半是与民权保障自由大同盟有关的文化人。而这通缉令呈请者，却是在杭州的浙江省党部的诸先生。

只要在鲁迅面前说起杭州，他就会表现出绝对的厌恶。当时秘密通缉案的策划就是在杭州发起的，这也是鲁迅厌恶杭州的原因之一。杭州的山清水秀，吸引多少人慕名而来，有一年夏天，鲁迅和许钦文去杭州玩。湖上无风，空气闷热，成群的蚊子令人招架不住。喝的水不干净，本想来消夏，却导致他一晚没有睡觉。第二天，急忙地回到上海。由于很多原因造成的印象和排斥，从此以后，鲁迅一听见人说杭州，就会无情绪地摇头。后来，郁达夫不顾劝告，仍然移家到杭州。鲁迅送给他一首诗，第一句就是"钱王登遐仍如在"。其中含义深刻，鲁迅曾经对郁达夫解读过诗的意思，诗中直指杭州的一些政客是个危险的环境。几年后，当鲁迅去世，郁达夫在杭州的经历，证明鲁迅的前瞻，对国民性的深刻剖析的理解。他在回忆鲁迅时，表达出敬仰之情。"我因不听他的忠告，终于搬到杭州去住了，结果竟不出他所料，被一位党部的先生，弄得家破人亡；这一位吃党饭出身，积私财至数百万，曾经呈请南京中央党部通缉过我们的先生，对我竟做出了比邻人对待我们老百姓还更凶恶的事情，而且还是在这一次的抗战军兴之后。"王映霞在自传中，写道鲁迅题诗的这件事情：

《鲁迅日记》1933年12月29日中记："下午映霞及达夫来。"第二天又记："午后为映霞书四幅一律云：钱王登遐仍如在，伍相随波不可寻。平楚日和憎健翮,小香满蕺高岑。坟坛冷落将军岳,梅鹤凄凉处士林。何以举家游旷远,风沙浩荡足行吟。"

我们是在1933年春末,全家搬到杭州去住的。虽然搬到杭州去住,但我们每个月总要到上海来办点事情,也常去看望鲁迅,有时在鲁迅寓所见面,有时在内山书店碰头。1933年12月29日下午,郁达夫和我一起去看鲁迅时,我对鲁迅说:"大先生,我们搬到杭州半年多了,你应该送一样东西给我,留作纪念,最好是你自己的作品。"说完地,我就拿出四张事先带来的虎皮笺交给鲁迅。当然我知道鲁迅是会答应我们的请求的,但我怕他忙,一时给忘了,所以特意把纸笺带去,放在鲁迅处,比较保险。果然,鲁迅第二天就写了上面提到的那首诗。(当时写给我们时,并无标题,鲁迅直到1934年编《集外集》时,才加上《阻郁达夫家移杭州》这个题目。)后来是郁达夫去取回来的。这四幅字曾悬挂在我们杭州的寓所的客厅里,抗日战争期间,与郁达夫的两万余册藏书,一起被日寇掳走,至今下落不明。

关于鲁迅写这首诗的一些背景情况,是这样的:我们搬到杭州没几天,杭州《东南日报》记者黄萍荪就到我们家来,因为《东南日报》总编辑胡健中是郁达夫在安徽大学教书时的学生,所以他以郁达夫的学生的身份,派黄萍荪来采访。没两天《东南日报》的副刊上就发表了一篇访问记,题目是《郁达夫望子飞腾》。原来我们是打算在杭州悄悄住下,除了个别亲戚朋友,不让外界知道,被他们这样一宣传,于是我们在杭州就非常引人注目,社会上各方面的人都来我家,有看望老师的,走访故人的,会见朋友的,也有国民党反动分子。一天,我们家来了几个便装打扮的人,据说是来参观我们的书房,其实我们已看出这几个人并非平民百姓,而是国民党特务。他们到书房里,鬼头鬼脑地东张西望,幸好我们早就把一些比较进步的书刊包扎好藏在床下,终未被发现,这些人没有见到什么可疑的东西,只能悻悻而去了。经过这次特种人物的撞入,郁达夫对于来我家访问的人,不管其政治面貌如何,一律同等接待,以免国民党特务再来找麻烦。而且凡是有人提出要介绍去见鲁迅或请求与鲁迅联系,郁达夫也都一口答应。在这点上,郁达夫是有些对不起鲁迅的。

郁达夫对鲁迅一向很坦率,无话不谈,所以他到上海和鲁迅见面时,就将我们初到杭州遭到特种人物撞入家中的事,也一五一十地告诉了鲁迅。因此鲁迅在诗的第一句就写:"钱王登遐仍如在,伍相随波不可寻。"意思是指杭的政治形势也和全国一样险恶,天下乌鸦一般黑,上海和杭州的反动派同样凶暴、残忍,充分体现了鲁迅对郁达夫的关心和爱护。

从1927年到1933年,郁达夫和鲁迅的交往十分频繁,由于年代相隔较久,许多事情我已记不清楚了。但这三次接触,给我留下了深刻的印象,现在拉杂写下,做为我对这二位伟大作家的一点纪念。[①]

自从郁达夫家搬到杭州之后,他和鲁迅见面的机会就少了,但是每一次回上海不管多么忙,郁达夫必须去见鲁迅,有时一起吃顿饭。

当时不管什么报纸和刊物,约鲁迅的稿子,人们第一个就会想到找郁达夫帮忙。当时良友书店、天马书店,以及《大学》

[①] 王映霞著:《忆郁达夫与鲁迅的交往——从〈鲁迅日记〉想起的几件事》,第153页,上海:上海文化出版社,2006年版。

杂志等，它们用的鲁迅稿件，大多由郁达夫为他们约的。作家何满子，1919年生，他是浙江富阳人和郁达夫是同乡。他在追忆郁达夫和和鲁迅时说：

我读的第一本中国现代新小说是郁达夫的《沉沦》。后来才知道这是"五四"以后出版的第一本短篇小说集，比鲁迅的《呐喊》结集还要早两年。我谈的那本正是上海泰东图书局出版的1921年初版本，是我舅舅得之于作者的签名赠书。这书在我抗战胜利复员回乡时还在老家，大概直到1966年红卫兵造反才被抄没。

三舅舅是郁达夫在杭州府中的同学。他向我讲过"光复"（我的父辈们都称辛亥革命为"光复"）那年他们一同剪辫子的故事。说是郁达夫一定要回富阳禀告了家里的大人再剪，是舅舅在一个休沐日带他回家一同剪掉的。抗日胜利后的某年，我经过杭州，和舅舅闲聊，当时已得悉郁达夫在苏门答腊遇难，舅舅叹息一阵，还提过早年剪辫的故事，指着大厅，说："就是在这里剪掉的。"

我少年时有两次在杭州至富阳的轮船上遇见郁达夫先生。我父亲因为和轮船公司的老板熟识，每次乘船都由老板给他留下一间包舱，便把郁达夫先生拉到包舱里喝酒。他的小说我都读过，复述情节给他听，他很惊喜。我还提出一些幼稚无知的问题，引起他的哄笑。后一次遇到大概是在1934年或1935年了，他那时已在福建做事。我已是十五岁的青年，略略懂事了，他就像对待大人那样同我谈话，讲到他的各种文体作品，我说较之小说，我更喜欢他的旧体诗。他惊诧地"喔"了一声，问："你能背得出一首来吗？"我当即背诵了一首他的《青岛杂咏》：

万斛涛头一岛青，当年壮士义田横。

于今刘豫称齐帝，唱破家山饰太平。

他嘉许地拍拍我的肩头，不知为什么又摇头叹了口气。那神情我至今还清晰地印在脑际。

但我真正理解并敬仰郁达夫，是在认真读鲁迅书之后，此前只认为他是著名作家，一位同乡的前辈而已。从鲁迅，我才懂得他是"五四"一辈作家中和鲁迅最相知的人，最理解鲁迅的人。他比鲁迅年轻十多岁，但写小说只比鲁迅晚两三年，两人都是新文学运动之初小说创作最成功的作家。两者的小说风格虽然迥异，但追求的个性解放的宗旨殊途同归。郁达夫是创造社早期成员。20世纪20年代后叶，成仿吾、郭沫若等辈抬起苏联"拉普"旗帜，由艺术之宫闯出，一下转变为"革命文学"家，疯狂围剿鲁迅，唯有郁达夫却说："群氓费尽蚍蜉造脸"。和鲁迅一起发起自由大同盟和民权保障会，和鲁迅合办《奔流》，群而不党地合作无间。从20世20年代初在北京大学同事相识起，和鲁迅一直保持着纯真的相互信赖的交情。鲁迅对他的情谊，可从《阻郁达夫移家杭州》一诗含蓄地规戒之情中体认（果然，他不听鲁迅的劝告，终至家庭被奸人侵扰而破裂）。至于郁达夫对鲁迅，更是一往情深，心向往之。只要看他一得知鲁迅逝世的噩耗，身在福建，立即搭船赶到上海参加葬仪一事，便可理解多厚的情分！

参加葬仪后于1936提10月24日（鲁迅逝世后第五日）所作的悼文《怀鲁迅》（刊于1936年11月《文学》杂志处七卷第五号），对鲁迅的评价是中国最早也是迄今无人超过的掷地作金石声的放光的文字：

……没有伟大的人物出现的民族,是世界上最可怜的生物群;有了伟大的人物,而不知拥护、爱戴、崇仰的国家,是没有希望的奴隶之邦。因鲁迅的一死,使人们自觉出了民族的尚可以有为;也因为鲁迅的一死,使人们自觉出了民族奴隶性很浓厚的半绝望的国家……

对于鲁迅,对于中国,还有比这更深情、更真实、更令人兴起无限感叹的言辞吗?[①]

鲁迅去世的前一年春天,郁达夫为了生存来到福建谋生。这期间,他和鲁迅见面的机会少了。鲁迅病故的两个月前,郁达夫因事回到上海,探望鲁迅的时候,他和郁达夫详说病情,他的肺部不太好,秋天想到日本去疗养,同时问郁达夫,能不能陪他一同去。郁达夫离开日本多年,也愿去重游旧地,了解现代的日本社会状况,一起商量到岚山看红叶。郁达夫绝未想到,这是最后的一次谈话,从此一别,郁达夫说"我就再也没有和他作长谈的幸运了"。

"幸运了"郁达夫将和鲁迅的最后谈话,说成是"幸运了",这三个字中蕴藏思念,还有太多的敬爱。郁达夫对鲁迅的回忆,有的写在纸上,有的存在心灵的深处,不是文字所能表达。

[①] 何满子著:《三五成群集》,第107页,银川:宁夏人民出版社,2007年版。

大地上跋涉的身影

郁达夫推开那间"窄而霉小斋"的房门,屋内没有火炉。沈从文穿两件夹衣,用棉被裹着两条腿,坐在桌前,正用冻得红肿的手提笔写作。

注视前方,眼睛里没有往日的忧郁,取而代之的是从容和坚毅。铅笔画出的线条,突现郁达夫的性格,这是色彩替代不了的。

郁达夫的肖像速写,我是真心喜欢,这才是他心目中郁达夫的形象。2013年1月19日夜晚,我给沈从文的儿子——沈龙朱先生发了一封电子邮件。我在写沈从文时,向他求助过沈从文的图片资料。现在写郁达夫传,其中有他和沈从文交往的一章,我很想得到有关两位大师的影像资料,或者一些不被人知的文字交往。沈先生很快给我回邮件,并发来他创作的郁达夫画像。

"高先生:您好。郁、沈交往,没有留下过合影,目前也没有见过书信手迹。我分别画过他们两人在20世纪20年代的头像,

郁达夫肖像

不知是否可用？沈龙朱。"

2007年12月14日，我在给一位朋友的信中写道："你信中附的余虹的《一个人的百年》，是令人心动的一篇好文章。一百年，一个人的一百年，在记忆中记住余虹，记住令人尊敬的石璞老先生。一生淡泊，没有轰轰烈烈，她的知识分子的良心和高贵的品格，让我们敬仰。这样的知识分子，在当代还有几人。我这一段时间，陷入苦闷之中，我不知道用什么样的语言，准确地表达那种心境。

我原来有一部分沈从文的作品集，朋友们又帮我买了他的研究资料。其中你给我买的《沈从文的凤凰》，是一本很好的书，昨天夜里读到深夜，读得兴奋，躺在床上无一点困意。耳边似乎响起辰河上的橹歌声，沈从文穿着破旧的袍子，在大地上跋涉的身影。和你分手的第二天，我逛了'三联''致远'两家书店。在'三联'我买了杜素娟的《沈从文与〈大公报〉》，书中配有很多老照片，我看到了许多老一代文化名人，有的是第一次见。前几天，我写完沈从文在上海教书时疯狂地爱上张兆和。我看到他那时的照片，年轻的沈从文眼睛如处子一样，那么安静，没有世俗的污染。他目睹过砍头的情景，面对过数次的生死场景，然而他的目光依然像故乡的山水单纯透明。我能从沈从文的眼睛中读出很多的东西。他高纯度的情感，哪怕只有一丝激情的引燃，就会升起冲天的大火。如果一个人满眼是浑浊的物欲，缺少独立的人格、执着和激情，便不会写出《边城》和《湘行散记》。沈从文批判的东西，到了今天还存在，没有销声匿迹，反而更加活跃了。在沈从文和石璞的身上，有着共同的亮度，有着知识分子的人格和良知，这不是一两天学会的，它不是学问，它是精神的品格。'郁达夫将脖子上的一条淡灰色的羊毛围巾摘下，掸去上面的雪花，围到沈从文的身上。然后邀他一道出去，在附近一家小餐馆吃了一顿饭。结账时，共花去一元七毛多钱。郁达夫拿出五块钱结了账，将找回的三块多钱全给了沈从文。一回到住处沈从文禁不住伏在桌子上哭了起来。'凌云写到这儿，不知心情如何，我的眼睛有些湿了，寒冷的冬天，沈从文生活困窘，口袋中无钱，这种帮助是救命呀！人与人之间如水的纯粹，以真诚温暖人心，这样的情感多么动人。我们读史不是为了复古，而是过去有些事情是需要我们学习的。做人的，为文的，不论到什么时候，缺少这些就不要谈别的了。"

2007年，给朋友的一封信，使我想起很多的事情。郁达夫在北京期间，是他人生中活跃的一段日子，在北京大学教课以外，他还在平民大学、国立艺术专门学校兼职授课。同时写下大量的文学作品，结交一批文化界的名流，周作人、胡适之等，与鲁迅先生结识，更是他文学道路上重要的大事情。郁达夫伸出救援的手，给予初到北京的沈从文真诚的帮助，看到他艰苦的情景，在激愤中，写下《给一位文学青年的公开状》这篇著名的文章。

1924年，那时的沈从文，住在银闸胡同里，这是他与郁达夫相识的地方，这个难忘的地方，他一辈子都不会忘记。20世纪20年代，不大的胡同里，四处遍布旅馆、公寓，主要是出租给到北京大学求学的青年。

沈从文是幸运的，他在走投无路的情况下，给几位作家写信，诉说自己遭遇的境况。郁达夫当时在北大担任讲师，沈从文给他写信。

有一天，下课后回到寓里，郁达夫收到了一位陌生青年的来信，拆开来一看，信是这样写的——

先生：

在你看我信以前，我先在这里向你道歉，请原谅我！

一个人，平白无故向别一个陌生人写出许多无味的话语，妨碍了别人正经事情。有时候，还得给人以不喻快，我知道，这是一桩很不对的行为。不过，我为求生，除了这个似乎已无第二个途径了！所以我不怕别人讨嫌，依然写了这信。

先生对这事，若是懒于去理会，我觉得并不什么要紧。我希望能够像在夏天大雨中，见到一个大水泡为第二个雨点破灭了一般不昔意。

我很为难，因为我并不曾读过什么书，不知道如何来说明我的为人以及对于先生的希望。

我是一个失业人——不，我并不失业，我简直是无业人！我无家，我是浪人——我在13岁以前就成了一个无家可归的人了。过去的六年，我只是这里那里无目的的流浪。

我坐在这不可收拾的破烂命运之舟上，竟想不出办法去找一个一年以上的固定生活。我成了一张小而无根的浮萍，风是如何吹——风的去外，便是我的去处。湖南，四川，到处漂，我如今竟又飘到这死沉沉的沙漠北京了。

经验告我是如何不适于徒坐。我便想法去寻觅相当的工作，我到一些同乡们跟前去陈述我的愿望，我到各小工厂去询问，我又各处照这个样子写了好多信去，表明我的愿望是如何低而容易满足。可是，总是失望！生活正同弃我而去的女人一样，无论我是如何设法去与她接近，到头终于失败。

一个陌生少年在这茫茫人海中，更何处去寻找同情与爱？我怀疑，这是我方法的不适当。

人类的同情，是轮不到我头上了。但我并不怨人们待我苛刻。我知道在这个扰攘争逐世界里，别人并不须对他尽什么应当尽的义务。

生活之绳，看看是要把我扼死了！我竟无法去解除。

一个孤苦无助的失业者，一个在不可收拾的破烂命运之舟上挣扎的年轻人。郁达夫心里顿时产生了绝大的同情，他围上了围巾，立刻就跑了出去。

此时已是寒冬，呼啸的北风夹着黄沙裹卷着北京城，使得郁达夫的眼睛都有些睁不开了。按照着那封信上留的地址，冒着风沙跑到了湖坝会馆，在一间如冰窖一般的阴暗潮湿的破屋里，一个白脸长身，阴郁模样的青年正蜷缩在冰凉的硬板床上。没有棉衣，没有火炉，只用被子裹着身体御寒。①

郁达夫推开那间"窄而霉小斋"的房门，屋内没有火炉。沈从文穿两件夹衣，用棉被裹着两条腿，坐在桌前，正用冻得红肿的手提笔写作。听见门响，沈从文回过头来，一位年约30岁的年轻人站在门边，身体瘦削，眯缝一双眼睛，一脸温暖的神情。

郁达夫想到探望沈从文时，他落魄的样子，还能说什么呢？郁达夫即产生疼爱之情，又觉得对于青年作家的公评，积压一肚子的情感发不出来。当人们沉在午睡中，他面对铺开的稿纸写下真情实话的"公开状"。一条围脖，一点零花钱，几句安慰的话无济于事。郁达夫感觉自己的力量太薄弱，像沈从文这

---

① 桑逢康著：《郁达夫正传》，第101页，南京：江苏文艺出版社，2011年版。

郁达夫与沈从文

样的朋友太多了,郁达夫自嘲地说:

  现在我的经济状态,比从前并没有什么宽裕,从数目上讲起来,反而比从前要少 ——因为现在我不能向家里去要钱花,每月的教书钱,额面上虽则有五十三加六十四合一百十七块,但实际上拿得到的只有三十三四块——而我的嗜好日深,每月光是烟酒的账,也要开销二十多块。我曾经立过几次对天的深誓,想把这一笔糜费戒省下来,但越是没有钱的时候,越想喝酒吸烟。向你讲这一番苦话,并不是因为怕你要问我借钱,先事预防,我不过欲以我的身体来做一个证据,证明目下的中国社会的不合理,以大学校毕业的资格来口的你那种见解的错误罢了。引诱你到北京来的,是一个国立大学毕业的头衔,你告诉我说,你的心里,总想在国立大学弄到毕业,毕业以后至少生计问题总可以解决。现在学校都已考完,你一个国立大学也进不去,接济你的资金的人,又因他自家的地位摇动,无钱寄你,你去投奔你同县而且带有亲属的大慈善家 H,H 又不接纳,穷极无路,只好写封信给一个和你素不相识而你也明明知道是和你一样穷的我,在这时候这样的状态之下,你还要口口声声地说什么"大学教育","念书",我真佩服你的坚忍不拔的雄心。不过佩服虽可佩服,但是你的思想的简单愚直,也却是一样的可惊可异。现在你已经是变成了中性——半去势的文人了,有许多事情,譬如说高尚一点的,去当土匪,卑微一点的,去拉洋车等事情,你已经是干不了的了,难道你还嫌不足,还要想穿几年长袍,做几篇白话诗,短篇小说,达到你的全去势的目的么?大学毕业,以后就可以有饭吃,你这一种定理,是哪一本书上翻来的?像你这样一个白脸长身,一无依靠的文学青年,即使将面包和泪吃,勤勤恳恳的在大学窗下住它五六年,难道你拿毕业文凭的那一天,天上就忽而会下起珍珠白米的雨来的吗?现在不要说中国全国,就是在北京的一区里头,你且去站在十字街头,看见穿长袍黑马褂或哔叽旧洋服的人,你且试对他们行一个礼,问他们一个人要一个名片来看看,我恐怕你不上大半天,就可以积起一大堆的什么学士,什么博士来,你若再行一个礼,问一问他们的职业,我恐怕他们都要红红脸说:"兄弟是在这里找事情的。"他们是什么?他们都是大学毕业生呵。你能和他们一样的有钱读书么?你能和他们一样的有钱买长袍黑马褂哔叽洋服么?即使你也和他们一样的有了读书买衣服的钱,你能保得住你毕业的时候,事情会来找你吗?大学毕业生坐汽车,吸大烟,一攫千金的人原是有的。然而他们都是为新上台的大老经手减价卖职的人,都是大刀枪在后面援助的人,都是有几个什么长在他们父兄身上的人,再粗一点说,他们至少也都是爬乌龟钻狗洞的人,你要有他们那么的后援,或他们那么的乌龟本领,狗本领,那么你就是大学不毕业,何尝不可以吃饭?

郁达夫晒了一下自己的收入账单,掏心地对文学青年说出真心的话。记得多少年前,我还是青年时,便开始文学创作,我父亲本身是作家,但他极力反对我写作。他的人生原则是"学一门手艺,哪怕做一个修鞋匠,也不要去搞文学创作。"这是我不理解的一件事情,为此我们之间有很大的分歧。当我五十岁时,我对于他的话开始理解。郁达夫在人世间漂泊,早已明白这个道理,他劝寻梦的青年及时醒悟,不要浪费生命。郁达

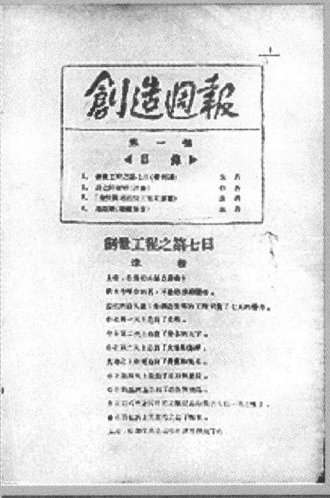

左上：1921年，郁达夫组织成立创造社和创造周报。
右上：《创造季刊》
下：创造社初版

夫苦心地说:"其实不要抱着任何幻想,现在给你们指出一条路,务实地做事情。不要沉在虚幻中,躲藏一堆泡沫中生活,不敢直面人生。"郁达夫同情沈从文这样的文学青年,理解他们追求中的苦闷。郁达夫反讽地说,不要在外面漂泊,弄几个路费,回到自己的家乡,守在亲人身边过日子。如果"你和你的母亲妹妹,若没有衣服穿,不妨三人紧紧地挤在一处,体热互助的结果,同冬天雪夜的群羊一样,倒可以使你的老母不至冻伤,若没有米吃,你在日中天暖一点的时候,妨把年老的母亲交付给你妹妹的身体烘着,你自己可以上村前村后去掘一点草根树根来煮汤吃。"读到这里,我不想再读下去,羊是驯顺的动物,自出生起知"跪乳"。郁达夫选择羊,来比喻人的软弱,毫无反抗的能力。我写沈从文时,听到郁达夫走后,他望着淡灰色的羊毛围,失声痛哭的情景。六年后,大雪纷飞的日子,我在写郁达夫《给一位文学青年的公开状》,这是巧合,还是命运呢?寒冷冻结人心,不肯给他们一点温暖。郁达夫给沈从文说,其实他没有什么好法子,只能送他两个下策,仅供参考吧:

第一,现在听说天桥又在招兵,并且听说取得极宽,上自五十岁的老人起,下至十六七岁的少年止,一律都收,你若应募之后,马上开赴前敌,打死在租界以外的中国地界,虽然不能说是为国效忠,也可以算得是为招你的那个同胞效了命,岂不是比饿死冻死在你那公寓的斗室里,好得多吗?况且万一不开往前敌,或虽开往前敌而不打死的时候,只教你能保持你现在的这种纯洁的精神,只教你能有如现在想进大学读书一样的精神来宣传你的理想,难保你所属的一师一旅,不为你所感化。

这是下策的第一个。第二，这才是真正的下策了！你现在不是只愁没有地方住没有地方吃饭而又苦于没有勇气自杀吗？你的没有能力做土匪，没有能力拉洋车，是我今天早晨在你公寓里第一眼看见你的时候，已经晓得的。但是有一件事情，我想你还能胜任的，要干的时候一定是干得到的。这是什么事情呢？啊啊，我真不愿意说出来——我并不是怕人家对我提起诉讼，说我在唆使你做贼，啊呀，不愿意说倒说出来了，做贼，做贼，不错，我所说的这件事情就是叫你去偷窃呀！无论什么人的无论什么东西，只教你偷得着，尽管偷罢！偷到了，不被发觉，那么就可以把这你偷自他，他抢自第三人的，在现在的社会里称为赃物，在将来进步了的社会里，当然是要分归你有的东西，拿到当铺——我虽然不能为你介绍职业，但是像这样的当铺却可以为你介绍几家——里去换钱用。万一发觉了呢？也没有什么。第一你坐坐监牢，房钱总可以不付了。第二监狱里的饭，虽然没有今天中午我请你的那家馆子里的那么好，但是饭钱是可以不付的。第三或者什么什么司令，以军法从事，把你枭首示众的时候，那么你的无勇气的自杀，总算是他来代你执行了，也是你的一件快心的事情，因为这样地活在世上，实在是没有什么意思。

  郁达夫写到这，脑子空落落的觉得无话再说，他又耐心地和沈从文说，要想做这些事情，从熟人身边动手最好。郁达夫直抒胸臆地说，自己晚上的卧房门经常不锁，进出特别方便。但有一个致命的缺点，他是穷书生没有值钱的东西。只是几本老书有收藏价值，到旧书铺可以换几个钱。如果一定要来，预先想办法通报一下。他多服一片安眠药,使自己在睡眠中什么也不知道。这一段时间以来,烦恼的事弄得身体不好,夜晚经常失眠,影响拿书的行动。郁达夫叮嘱两句"还有一句话——你若来时,心肠应该要练得硬一点,不要因为是我的书的原因,致使你没有偷成,就放声大哭起来" 评论家张家坚,剖析郁达夫文章认为:

> 郁达夫是"为艺术派"创造社小说创作的代表作家之一,也是创造社散文创作代表作家之一。六十多年来,对他的小说创作、旧诗词、游记,以及生平思想,作了不少研究,但在一千多篇的文论中,对他的散文,尤其是议论性散文的研究却寥寥无几。郁达夫的散文,在新文学的散文创作中颇具特色,在二三十年代有着相当的影响。他的议论性散文,常以其明晰的思想,热烈的情怀,大胆激越的反抗,震惊了当时的文坛和社会。直言不讳地要求知识青年丢掉不切实际的幻想,与旧社会坚决决裂的《给一个文学青年的公开状》便是其一。[①]

郁达夫的出现,帮助困境中的沈从文,坚定他在文学道路上的追求。张家坚从字里行间中,读出郁达夫博大的情怀,对世俗社会的激越的反抗。1936 年,沈从文在他的一本序中写道:"这样一本厚厚的书能够和你们见面,需要出版者的勇气,同时还有几个人,特别值得记忆,我也想向你们提提:徐志摩先生,胡适之先生,林宰平先生,郁达夫先生……这十年来没有他们对我的种种帮助和鼓励,这本集子里的作品不会产生,不会存在。"

---

① 张家坚著:《〈给一个文学青年的公开状〉与郁达夫散文的特色》,原载《西华师范大学学报〈哲学社会科学版〉》,1987 年,第 3 期。

2013年2月3日，农历腊月二十三，是传统的祭灶节，扫尘、吃灶糖的日子。清晨大雪纷飞，城市被雪扮成银装素裹。我跟随郁达夫的文字，在旧日里行走，听他对沈从文讲出真情实意的话语。

沈从文的哭声，一条淡灰色的羊毛围巾，郁达夫朴实的文字，充满反抗的力量。人的一生，由无数的日子铺成。人的心灵史，离不开琐碎的生活，还有遗下的文字。探寻一个人的心灵的印迹，从他的每一个文字中体悟出感性、知觉、记忆，形成个体生命的"影迹"。

诗情与境界

江南的冬天,弥漫阴柔的气氛,
风阴寒地钻透衣服,进入人的身体。
调子印象朦胧,似乎冬天,永远不会有太阳,它是冬的标志。

清晨起来,窗外一片白茫茫,夜里下的雪,将城市扮成银装素裹的样子。出家门时做好准备,不挤公交车,踏着厚雪步行上班,等了一个冬天的大雪,终于来临。

空气清寒,街上行人不多,我沿着黄河二路走,被雪的景色感染。夜晚读郁达夫的散文,他写了江南冬天的雪,他在北方待过,也见过雪花大如席的景象。他说"在北国过冬天的人,总都道围炉煮茗,或吃煊羊肉,剥花生米,饮白干的滋味。而有地炉,暖炕等设备的人家,不管门外面是雪深几尺,或风大若雷,而躲在屋里过活的两三个月的生活,却是一年之中最有劲的一段蛰居异境"。这样的生活蛮有乐趣,大雪是小孩子们最喜欢的,冒着大雪,堆雪人,打雪仗。雪地上的玩耍,烙在童年的记忆,多少年忘不掉,那种怀恋的滋味,使人多一分时光已逝不可回转的痛苦。

郁达夫从小生长在富春江边,儿时所感受到的冬天,是一幅江南冬日的印象,不如北方的冬雪刻骨难忘。在外面漂泊离家太久,他偏爱深秋的日子,体会落叶的感伤和牵扯不尽的愁绪。暑热退去,窗外落叶飘凋,渗出淡淡的伤感,这样的时节适合一个人读书,写一些积压心头的文字。江南的冬天,弥漫阴柔的气氛,风阴寒地钻透衣服,进入人的身体。调子印象朦胧,似乎冬天,永远不会有太阳,它是冬的标志。

郁达夫兴致很高,他把一摞稿纸铺在桌上,选择小狼毫毛笔,写下《江南的冬景》。童年江南的冬景堆满回忆,连接过去的时空。用朴白的文字抒发情感,郁达夫曾经说:"现代散文之最大特征,是每一个作家的每一篇散文里所表现的个性,比从前的任何散文都来得强。"白描的文字,饱含情感的汁水,涂满了精神的釉。

1925年1月18日,郁达夫的朋友,又是他的精神导师鲁迅。面对北京大雪飘飞的日子,写了一篇七百多字的散文诗《雪》。这是一篇借景抒情之作,诗情画意,通过一片片雪花,表现一种象征和期望。不多的文字,却足可见鲁迅先生的美学思想,达到相当的高度。

暖国的雨,向来没有变过冰冷的坚硬的灿烂的雪花。博识的人们觉得他单调,他自己也以为不幸否耶?江南的雪,可是滋润美艳之至了;那是还在隐约着的青春的消息,是极壮健的处子的皮肤。雪野中有血红的宝珠山茶,白中隐青的单瓣梅花,深黄的磬口的蜡梅花;雪下面还有冷绿的杂草。蝴蝶确乎没有;

江南的冬季

蜜蜂是否来采山茶花和梅花的蜜，我可记不真切了。但我的眼前仿佛看见冬花开在雪野中，有许多蜜蜂们忙碌地飞着，也听得他们嗡嗡地闹着。

孩子们呵着冻得通红，像紫芽姜一般的小手，七八个一齐来塑雪罗汉。因为不成功，谁的父亲也来帮忙了。罗汉就塑得比孩子们高得多，虽然不过是上小下大的一堆，终于分不清是壶卢还是罗汉；然而很洁白，很明艳，以自身的滋润相黏结，整个地闪闪地生光。孩子们用龙眼核给他做眼珠，又从谁的母亲的脂粉奁中偷得胭脂来涂在嘴唇上。这回确是一个大阿罗汉了。他也就目光灼灼地嘴唇通红地坐在雪地里。

第二天还有几个孩子来访问他；对了他拍手，点头，嬉笑。

但他终于独自坐着了。晴天又来消释他的皮肤,寒夜又使他结一层冰,化作不透明的水晶模样;连续的晴天又使他成为不知道算什么,而嘴上的胭脂也褪尽了。

但是,朔方的雪花在纷飞之后,却永远如粉,如沙,他们决不粘连,撒在屋上,地上,枯草上,就是这样。屋上的雪是早已就有消化了的,因为屋里居人的火的温热。别的,在晴天之下,旋风忽来,便蓬勃地奋飞,在日光中灿灿地生光,如包藏火焰的大雾,旋转而且升腾,弥漫太空,使太空旋转而且升腾地闪烁。

在无边的旷野上,在凛冽的天宇下,闪闪地旋转升腾着的是雨的精魂……

是的,那是孤独的雪,是死掉的雨,是雨的精魂。①

1925年至1935年,整好相距十年。在鲁迅的身上,郁达夫学到很多的东西。鲁迅直面人生,敢于剖析黑暗的旧时代。郁达夫的书生气更多一些,寄情山水中发出"臭屁"的牢骚。

郁达夫到过闽粤,度过一个冬天,那里与北方的冬天相比较,太暖和了。有时候进入阴历的年根,"说不定还不得不拿出纱衫来着;走过野人的篱落,更还看得见许多杂七杂八的秋花!一番阵雨雷鸣过后,凉冷一点;至多也只好换上一件夹衣,"这个地方,棉袄是书本上的事情,有的人活到老,不一定穿过棉衣。

江南的气候,属于亚热带季风性湿润气候,水脉丰富,温暖湿润,地缘位置独特。所以养得住植物,因此长江一带,冬天的芦花不败,花期会保持三个月以上。钱塘江流域的乌桕树,

---

① 鲁迅著:《雪》,原载《鲁迅全集》,第1721页,北京:中国致公出版社,2001年版。

1926年创造社同仁摄于广州　左起：王独清、郭沫若、郁达夫、成仿吾

红叶落下后，柏子挂满枝头。草色不会枯败，顶多变成赭色，但还是透出一点绿意。无风日暖的午后，独自去冬天的郊外野地散步，在高远的天空之下，阳光晒在身上，感受不到冬季的肃杀，走不多远冒出热汗，藏在心间的老事，触情生景地随之浮现。冬天的荒凉，使郁达夫诗情大发，有了创作的欲望。冬天来了，春天不会太远，过不多久急匆匆地赴约。江南的山野里漫步，不像这个季节的北方，躲避暴风雪，而是可以散步作诗。

　　阴柔的江南，河港交错，水系特别的发达，空气中饱含水分子。冬天下雨，不算什么新奇的事，对于生活在南方的人，这是极其正常的。冬天灰色的调子，加之飘落的小雨，使乡村的冬日景象，有了怀旧和悠闲的境界。这个时节，秋天收获过后，沿水而居的农家，祖辈聚在小村子。门外流淌的河水，窗外远处绵远的群山，一片片树林，复制在冬日农村的画作上，勾画出独特的韵味。郁达夫感觉，必须有乌篷小船停靠水边，茅草屋要有几个文人骚客，以冬天为背景酌酒赋诗。天色渐暗，他将画面增添"一味红黄"，窗中出现暗示灯光的月晕。郁达夫秉承传统文化的滋养，他将文字化作线条，将人和自然融为一体，表现诗情画意。

　　为什么写南方的冬天，郁达夫不仅是一个作家，而且对现实的社会有深刻的思考。

　　想到南方的冬雨，雪花飘舞的时候："晚来天欲雪，能饮一杯无？"描写黄昏的江南，下雪时的情景。"柴门村犬吠，风雪夜归人"，这幅画面是江南雪夜，三更过后，一场大雪漫天席卷，人在雪夜中安睡的景况。郁达夫搜尽记忆中关于雪的诗作，一一品味，从每一个字体味诗人的心态情态。一个诗人

上：1938年郁达夫与郭沫若、斯诺在一起
下：1937年元旦郁达夫在厦门天仙旅社与郑子渝、谢云声等合影

用生命的某时间段,甚至一生的坎坷经历,抒发出一首诗。郁达夫多情地说:"诗人的诗句,也许不尽是在江南所写,而做这几句诗的诗人,也许不尽是江南人,但假了这几句诗来描写江南的雪景,岂不直截了当,比我这一枝愚劣的笔所写的散文更美丽得多?"

1934年,特殊的冬天,干燥的天气没有冷雨,更谈不上下雪。如此的冬天,还能叫冬天吗?郁达夫望着窗上的天空盘算,今年冬天的冷日子不会有几天,家乡人管这叫"旱冬"。

郁达夫向窗外望去,天气晴爽,阳光洒落大地上。郁达夫被天气引诱,在房间里待不住,心想必须出去,享受自然的空气。郁达夫放下手中的笔,抛开"这一种无聊的杂文",他不愿再往下写,走出家门到湖上散步。

多难的"风雨茅庐"

一场萧萧的春雨,飘落户外,
屋檐的滴雨声,轻弹夜的长弦,思念才下眉头,又爬上心间。

不同的年龄,对人生的看法不一样,以郁达夫的个性,认为"青山到处可埋骨的漂泊",他觉得是无所谓的事情,一到中年,发生很多的变化。老人说的"落叶归根",郁达夫理解到了更深一层的意义。"归根"不仅是回到生养的故乡,而且是一个"归宿",过普通人的生活。迁到杭州家居稳定,一日三餐有了保证,享受着家的温暖呵护。郁达夫却愁上心来,不时地问自己,生命往何处走。读书累了,有时半夜突然惊醒,辗转难以入睡。一场萧萧的春雨,飘落户外,屋檐的滴雨声,轻弹夜的长弦,思念才下眉头,又爬上心间。郁达夫情感脆弱,对于自然的更迭敏感,临窗望着户外,吹进的风拂动敞开的书。郁达夫的心思,飞向遥远的地方,他情不自禁地写道:"风吹枯木的秋晚,看看天空,每会作赏雨茅屋及江南黄叶村舍的梦想;游子思乡,飞鸿倦旅，把人一年年弄得意气消沉的这时间的威力，实在是可怕，实在是可恨。"

郁达夫乐山乐水，他盼望乘坐马车，要不徒步行走大地。如果坐火车、乘飞机、搭轮船，这些现代交通工具，很快将旅人送达目的地，匆忙地掠过原野。从某地到某地，那么急于行程，为事情做事情。奔波途中，很少有激情融入大自然。郁达夫喜欢乘坐一辆牛车或马车，缓慢地在大地上奔走。观赏自然的风光，生命有了怀念，记忆中存下的激情，就不会苍白无力。

在大地的深处，人稀地广的地方，高唱粗野小调，甚至赤裸身体，不必讲究虚伪的礼节，回归到原始的状态。人走进自然中，他们合而为一，天是房，地是床，超脱的自由，不是什么人都可以找到的。如果碰上泥草屋，和纯朴的乡民一起，听他们无拘无束地谈天说地，和他们一道的悲泣，一块忘形的大喜。母鸡下一个蛋，狗生下一窝崽子，凡事中透出真情的快乐。"黄牛吃草，嚼断了麦穗数茎，今年的收获，怕要减去一勺，其悲也戚戚，与国破家亡的流离惨苦，相差也不十分远。"这些家畜为生存繁忙的状态，表现了生活的真实情景。有山有水，看看云，爬爬山，听听大浪的音乐。雅兴来了，在清澈的湾水边垂钓，躺在阴匝的松下，闭上一双眼睛，感受自然带来的安然惬意。

郁达夫向往的状态，也许年龄大一点，身体中的野性渐弱，不好冲动了。有些必须办的事情，非得去北平，即使这么近的上海，他都往下拖延。郁达夫习惯常态，在温馨的家中，有妻子做得精致的菜，来情绪喝点老酒。酒足饭饱，睡一个午觉，醒后读书看报，不愿意破坏有规律的生活。郁达夫感觉自己发

杭州西湖苏堤春晓

生变化,每次坐在桌前,端起酒杯,望着窗上的阳光,悄然形成的计划,在脑子里铺展开。那是一个家的原形,调子和建筑的形状,与现在住的地方十分和谐。

有一个属于自己的家,人心就能稳定下来。如果选择地点,郁达夫不会选城市,乡村是第一的选择。在乡村可以清静的读书写作,少有杂人来骚扰,郁达夫的性格适应乡村的自由。但他也有矛盾的地方,"把文明利器——如电灯自来水等——的供给,家人买菜购物的便利,以及小孩的教育问题等合计起来,却又觉得住城市是必要的了。县城市之外形,而又富有乡村的景象之田园都市,在中国原也很多。北方如北平,就是一个理想的都城;南方则未建都前之南京,频海的福州等处,也是住家的好地方。"郁达夫生长在山水之间,对于大地自然偏爱,不是几本书就可以改变的。三年前,一个细雨的春天,他听从妻子王映霞的相劝,抛开在上海闯荡出的天地,移家来到杭州。杭州对于郁达夫并不陌生,他十几岁离家四处求学来到杭州。每一条街巷,每一个旧书店都跑过。杭州有山有水,离上海不算远,各种消息和时尚生活,很快从那里传播过来。这儿是省城,孩子会受到良好的教育,坐四个钟头的火车能到达上海。交通四通八达,各种资源丰富,在这里有一个家最好不过。郁达夫一直漂泊,对于杭州的建筑物不满意,它和上海的建筑相差太远。郁达夫没有找到理想中的住宅,即使老房子,又大多数缺少院子,偶尔有堆假山,毫无真实的意义。郁达夫是书生,发牢骚是他的长项,他嘲讽地说,"所谓新式房子呢,更加恶劣了,完全是上海弄堂洋房的抄袭,冬天住住,还可以勉强,一到夏天,就热得比蒸笼还要难受。"杭州以水闻名,但房子里大抵没有浴室。洗澡要到公共浴场，不讲究卫生，而且价格太贵。

在这样的背景下，郁达夫想要造自己的房子，完全按照他的思路修建。温梓川是他的朋友，又是他传记的写作者，他在书中写道：

翌年，郁达夫开始定居杭州，在城东大学路，赁了一幢小洋房，有终老杭州的打算。在杭州，他不住在靠近杭州一点，而选择大学路那样并不是十分清幽的地方，要不是像久居杭州的人一样厌恶西湖的烦嚣和恶俗，便找不到其他的理由。从西子湖滨上去，经过白杨萧萧的斜坡乱坟，柳阴夹道，曲折迂回，便是场官弄的这块后来兴建新居"风雨茅庐"的基地。它是映霞自己喜欢选择的屋址。据她自己说，她很喜欢这块地皮，它是长方形的整整一块，四面围墙俱全，里面只有三四间坍败的废庵。地面很平整，只要把庵基拆掉，立刻可以造房的。她又说她自己从搬到场官弄后，楼上房中一张梳头桌的窗口，正对着庵基。每天晨起梳头时，老是望着这块地皮发呆，就想有朝一日能把这块地皮买进，造一排小巧玲珑的五开间平房，前后左右空地上种些花草，在花园一角，再替达夫造三间书房，动工时，自己设计，自己监工，多么快乐啊！因此她就多方探听这块庵基的业主，大家都是省立救济院的物业。况且自己当时映霞手头上，尚存有一笔历年的积蓄，数目虽则不大，将它来购置产业，还可保存下当年的币值。这块映霞所喜欢的住房屋的隔壁基地，终于辗转设法买下来。因为存款不足，又拼拼凑凑，向朋友挪借了一点，结果花了一千七百多元，另外买进十七亩山地和业主的省立救济院交换。照时价计算，约便宜了五千左右。

"风雨茅庐"位于现在的杭州大学路场官弄62号,为市级文物保护单位,坐北朝南,分正屋和后院两个部分。

这块基地既是废庵,也是直到映霞遇见了救济院的主持人沈太素之后才终于好容易买成。动工造房子时,原期于冬季可能落成时,谁知却延展到1934年春间,"风雨茅庐"才算落成。

在兴筑期间,达夫常站门前观览,每天也几乎必到附近的图书馆去看看报。映霞则每日指东划西,栽花种树,忙碌异常。她的宿愿得偿,欣慰之情,溢于言表!达夫平时并不迷信,独独这次兴建"风雨茅庐"时,却异常迷信,特意请了杭垣闻名的堪舆家郭某一次又一次地来履勘指点。大门的方位,正屋的坐落,门户的开闭,日期的选择,无不听从风水先行的指示。据这位风水先生说"这座房子落成后,除出入人口平安、家运兴隆外,屋主人还可以得到差使。"后来事实证明在房子落成不久,福建省主席的陈公洽果然邀达夫去福州当什么参议去了。

"风雨茅庐"落成之后,气象显得相当豪华,两扇敞开的铁门,一条可以直通进去的水泥铺道,如果坐汽车去,可以一直开到正屋面前下车。南向的三间正屋,当中一间是客厅,上面悬挂一块马君武游杭时用风痛的手臂写的"风雨茅庐"的横匾,后面还有一小段跋语。"风雨茅庐"这个带萧索意味的名字,还是达夫自己拟定的。其实"风雨茅庐"虽名为茅庐,实则屋顶盖的是官殿式的琉璃瓦,屋内的陈设,也相当华丽。有人对他建议,这所屋子应该称为"栖霞别墅"才恰当。原来杭州有栖霞岭,达夫的夫人的芳名,又恰巧是王映霞。

风雨茅庐客厅旁的东西两间,好像都是卧室,开间相当宽阔。每间各有后轩,陈设的家具大部分是新的。壁上挂有一张条幅,是鲁迅的手笔,写的是《阻郁达夫移家杭州》那首七律。左右两旁还赫然挂达夫自己写的一副对联:

两口居碧水清山,妻太聪明夫太怪。

四野皆青燐白骨,人何寥落鬼何多!

从这副对联看来,不难发现达夫的怯懦的自卑感,他觉得映霞太过于聪明,而自己又过于怪僻,以及风雨茅庐位于斜坡乱坟之间的环境,熟朋友看到这副对联,总不免赞它几句,而映霞总是笑说:我是个蠢材,我不聪明,他呀,才是个大怪物呢!"[①]

"风雨茅庐"四个字有诗意,布满凄风苦雨的阴气,每一个字含满沧桑,只有最后的一个庐,才给人安全的慰藉。温梓川从对联中看出,郁达夫的自卑感,这幅字是挂在风雨中的合谋者。郁达夫迁到杭州来以后,对于房子的问题,越来越感到迫在眉睫。他认为地皮不需要多么大,"只教有半亩之宫,一亩之隙,就可以满足。房子亦不必太讲究,只需有一处可以登高望远的高楼,三间平屋就对。但是图书室、浴室、猫狗小舍,儿童游嬉之处,灶房,却不得不备。房子的上周,一定要有阔一点的回廊;房子的内部,更需要亮一点的光线。"郁达夫精心地规划自己的理想,家是居住场所,也是实现人生价值的地方。郁达夫不会弄一堆假山,他会种树木和草地,中间有一条小路。墙头不要光秃秃的,种上一些爬山虎,筑一道矮木栅,涂上黑色的漆。"风雨茅庐"还没有开建,郁达夫早在心中建成美丽的屋子。责任是大而沉的东西,郁达夫想完成一个男人的使命,使家庭免受痛苦的折磨。建一个完整的家,娶妻生子要有生存的地方。"风雨茅庐"不但是郁达夫的理想,更是他的使命感。父爱的缺失,对于他是一生的伤害,这种人类情感的源泉,在他三岁的时候就已枯竭。父爱和母爱交叉形式的存在,有各自

[①] [马]温梓川著:《郁达夫别传》,第91页,银川:宁夏人民出版社,2006年版。

的意义。父亲的理性、威严、勇敢、崇高的形象，对于郁达夫一片空白。父亲去世后，他生活在女性堆里，奶奶、母亲和使女小翠，她们对郁达夫认知的性格形成，有相当大的影响。郁达夫人到中年，又有美妻王映霞陪伴身边，他觉得自己应该承担责任。

郁达夫不追求物质生活的享受，他的计划对于书生，是一笔天文的数字。如果按照郁达夫的设计建造，买地皮二千元，建筑费花四千元，这样才有希望实现理想的宏图。郁达夫和朋友聚会，喝得微醉之后，他将自己的想法对朋友说。酒话过后就已忘记，然而郁达夫没有想到，朋友如此重情重义，竟送给郁达夫一块地。万事开头难，有了地皮，现在筹出四千元，建造那一所理想的房子，也就并不是水中的月亮，一片空想了。郁达夫被造房计划纠缠不清，胡思乱想的梦，逼得他快要疯掉。自己的四好都抛弃掉，戒酒戒烟，省下的钱买许多奖券。一次次地买，开奖的时候，末奖都未得过。郁达夫想一想，日子过得挺悲哀的，闲来无事，将这一段的生活经过对朋友一说，大家虽感觉可笑，却被郁达夫的精神感染，也开始为他奔波筹款。

郁达夫过意不去，自己整天瞎心思的事情弄得朋友们不安。他想到古人卖画，灵机一动弃文学画。他去画铺买了芥子园、三希堂的画谱，热情地学画。郁达夫只想靠卖画，积攒一些钱，凭自己的本事，建造一所房子。要是万一画画，不能挣钱养家糊口，那么可以画很多的房子挂在四壁上。郁达夫找一个合适的理由，鼓足勇气学画，他实属无奈，苦中作乐，让想象灌醉自己一场。艺多不压人，计划总不是坏事情，不至于失败。郁达夫想苦学半年，不管怎么说，可以得到一点慰藉。

记得旧日行踪

老杭州人想去游的地方,没有一个人不留恋西溪,披一件蓑戴笠,去看皋亭山的桃花,超山的香雪才是赏心悦目的享受。

超山是一个风景区,位于杭州市东北 29 公里处,以观赏梅花而著名。每当初春二月,花蕾在枝头爆发,白花如飞雪漫卷天空,为江南探梅胜地之一。来杭州游玩的人,因为很多原因,匆忙在西湖一带观赏,登山望水,吃一些地方名吃,然后买些土特产。急行军般的旅游,弄得身体疲惫,耗尽初来的激情。兜里的钱花得差不多了,就选择车票打道回家。雅兴变作记忆中的事了,日后与友人聊天,说游过杭州的山水,没有什么好看,不过如此。郁达夫是读书人,对人文历史故事了如指掌。他说从古至今以来,很少有人知道"三竺六桥,九溪十八涧,或西湖十景,苏小岳王;而离杭城三五十里稍东偏北的一带山水,现在简直是很少有人去玩,并且也不大有人提起的样子。"无人花费钱财,耗尽体力,来到荒山野岭中,去观赏梅花的"古、广、奇"。

　　郁达夫每去一处地方，除了阅读文献资料，想尽一切办法做探查之外。还关注着现实和历史的接通，寻找其中的踪影。郁达夫知道，从清朝的乾嘉道光开始，至今有一百多年。老杭州人想去游的地方，没有一个人不留恋西溪，披一件蓑戴笠，去看皋亭山的桃花，超山的香雪才是赏心悦目的享受。杭州的交通不便利，公路不发达，主要的通行是依靠水路。木船、帆影、山色、水光，每一次离开杭州，在码头上，送行人和旅人告别的情景，都充满伤感之情。游人挂满风尘，乘船来到杭州，途中编织的想象与周围景物交织纠缠，分不清想象和现实，只想不停地奔走，妄想搜尽杭州的景色。

　　"超山是在塘栖镇南，旧日仁和县（现在并入杭县了）东北六十里的永和乡的，据说高有五十余丈，周二十里(咸淳《临安志》作三十七丈)，因其山超然出于皋亭黄鹤之外，故名。"郁达夫用了一个"据说"，这是不准确和听说的意思，增添这里的神奇和迷人。1927年，春天将尽，大师吴昌硕，最后一次来到超山。呼吸清爽的空气，寂静中听鸟儿的鸣叫声，面对花期败落的宋梅，白色的失去滋润的花瓣，思绪起伏，不胜惆怅。"梅知己"的艺术大师，一生嗜梅花如命，以"十年不到香雪海，梅花忆我我忆梅"，表达自己与梅的情感。便对儿子说："我死之后，你们就把我葬在这里。这里梅花多，离家乡安吉也近。"飘落的花瓣，似乎是大师人生的暗示，这年的十一月，吴昌硕溘然长逝。

　　我跟随郁达夫他们，一起游览超山，看到他兴致很高的样子，想到一代大师吴昌硕的梅情节。行走在这不算太出名的山上，

超山位于浙江余杭的塘栖镇,以梅景出名,拥有唐梅和宋梅两大古梅,为江南三大探梅圣地之一。有"十里梅花香雪海"之美誉。

每一个人的感受和解读各不相同,也不可能相同。

从郁达夫的游记文字我们看到的不仅是山水,而且看到了现代的中国,看到作者对现代中国爱与恨的情怀,一篇篇如峥嵘的山岳,蔚然深秀,本身就诱人去探幽访胜以这么多的篇章来写山水游记,而且写得这么好的,在现代文学史上郁达夫可以说是首屈一指。早在1934年,郁达夫就在上海现代书局出版了他的游记专集《屐痕处处》,此外,他还在旅行福建期间写了系列游记《闽游滴沥》。而且因为求学和避难的原因,他还到过海外(日本和南洋),所到之处也有游记性质的文字留存。结合他的身世,给我们的感觉就是郁达夫的一生似乎一直是在漂泊,换句话说,也就是始终是在路上。

正是因为有这样的遭遇或者说是机缘,成就了郁达夫作为一名优秀的游记作家的不朽的地位。他的一篇篇游记随着他游踪所至,自由地挥洒出来,其文字绮丽,情意婉曲、深幽,我们完全可以说,只有郁达夫这样的作家才能写得出这些名胜抑或非名胜之区的山水形态,也只有郁达夫才能发现或曰唤醒这些山水背后的蕴含。现代的山水到了郁达夫这里得以成熟的、有规模的文字形式呈现,并进入人的心灵,从这个层面来看,我们说郁达夫是现代山水的发现者就一点也不为过。

郁达夫的游记不仅像是一幅长长的山水画卷,而且更像是借用现代摄影技术拍成的纪录片,其流动感、立体感、色彩感是前人的游记文字所没法比的,并且他还不时地将镜头对准山水田园中的人物,使我们总是能从字里行间窥见到20世纪二三十年代中国的城乡风貌,不时地扪摸到那个时代的脉搏,所以我们才说他所写的是现代的山水游记。①

　　李成说的"流动感、立体感、色彩感",多维地阐述郁达夫对于山水的情感。他在前面走,我们跟在后面,沿着被他情感染得潮湿的文字地图,陶醉在广袤的山水与纯粹的灵魂之间。过去在超山游玩,要从湖墅或拱宸桥乘船,走曲折回环的水路。现如今公路开通,就不那么别扭了,"从清泰门向东直驶,至乔司站落北更向西,抄过临平镇,由临平山西北,再驰十余里,就可以到了。"船家女唱着乡野小调,船行水面的日子,变成画作中的情景。郁达夫讨厌汽车,它不但破坏旅途的兴趣,而且汽油的污染会严重损害大自然的环境。

　　郁达夫坐汽车走过临平镇,他想起释道潜的"风蒲猎猎弄轻柔,欲立蜻蜓不自由,五月临平山下路,藕花无数满汀洲"的诗句,这个地方因一首诗出名。在超山北面的塘栖镇,有另一番景象,因为南宋的隐士和明末清初的田园别墅出名。这里山清水秀,人杰地灵,作家蒋蓝认为:"历史即是'人迹'铺成。但重大的往事才成为了'史迹',而在个体生命与连续流动的历史关系中,探寻历史运行过程中个体生命的'踪迹',自然成为了我的着手点。"著名的山,只有人的出现,"踪迹"才能活起来。人们来到野山荒岭,不但是为了游览山野的景色,也是为了寻找人文的遗落。郁达夫说,"在介于塘栖与超山之间的丁山湖,更以水光山色,鱼虾果木出名;也无怪乎从前的文人骚客,都要向杭州的东面跑,而超山皋亭山的名字每散见于诸名士的歌咏里了。"

　　超山脚下生活的百姓,因为地缘的环境的影响,平整的田

---

① 李成著:《现代山水的发现者》。原载《中华工商时报》,2011年1月7日。

地不多，于是因地制宜地大量栽培果木。打从春开始，经过夏天辛苦的劳作，盼到秋冬时，梅子、樱桃、枇杷、杏子、甘蔗等果实的丰收，一年忙下来，产值总有"百万元内外"。超山这片地方的梅林，有成千上万棵，来这里游玩的人，被梅林和树木吸引住，自然的美滋养心灵，不知道这是百姓养家糊口的命根子。

　　立春的前后，超山的梅花开放了。梅干遒劲，枝杈横斜空中，一棵棵相距不远，每一片梅林，不下上千棵。一棵树上的梅花朵，数不清有多少，盛开的时候，香气甚至可以传播到远处的临平山。从山上俯瞰，眼睛里的梅林，犹如银色的大海。这几年来，梅林减少了许多，但梅林清冷孤傲的个性却不会因数量减少而改变丝毫。

　　过临平山以后，公路两旁已经能看到，有一处处的梅林扑面而来。真正看梅的地方，是在超山的东北处，报慈寺的大明堂前，盛开的梅花丛里，有一座周梦坡建的宋梅亭，附近五六里是最佳赏梅的地方。

　　报慈寺里的大殿（大约就是大明堂了罢？），前几年被寺的仇人毁坏了，当时还烧死了一位当家和尚在殿东一块石碑之下。但殿后的一块刻有吴道子画的大士像的石碑，还好好地镶在壁里，丝毫也没有动。去年我去的时候，寺僧刚在募化重修大殿；殿外面的东头，并且已经盖好了三间厢房在做客室。后面高一段的三间后殿，火烧时也不曾烧去，和尚手指着立在殿后壁里的那一块石刻大士像碑说：这都是这位大慈大悲救苦救难广大灵感观世音菩萨的福佑！

在何春渚删成的《塘栖志略》里，说大明寺前有一口井，井水甘洌！旁树石碣，刻有"一人堂堂，二曜重光，泉深尺一，点去冰旁；二人相连，不欠一边，三梁四柱烈火然，添却双钩两日全"之碑铭，不识何意等语。但我去大明堂（寺）的时候，却既不见井，也不见碑；而这条碑铭，我从前是曾在一部笔记叫做《桂苑丛谈》的书里看到过一次的。这书记载着："令狐相公出镇淮海日，支使班蒙，与从事诸人，俱游大明寺之西廊，忽睹前壁，题有此铭，诸宾皆莫能辨，独班支使曰：得非大明寺水，天下无比八字乎？众皆恍然。"从此看来，《塘栖志略》里所说的大明寺井碑，应是抄来的文章，而编者所谓不识何意者，还是他在故弄玄虚。当然，寺在山麓，地又近水，寺前寺后，井是当然有一口的；井里的泉，也当然是清冽的；不过此碑此铭，却总有点儿可疑。

郁达夫说的大明寺前的宋梅，是一棵苍老的树，根部剩下"两条树皮围拱"，随着岁月的流逝变成空心，枝干蓬开的梅树。他站在面前，树的每一处斑痕钩沉出历史，呼吸到过去的气息。作为一个写作者，不辞旅途的劳累，不是来消费情感，真实的历史在眼前，郁达夫理解它的意义。院里的主人怕有人折，就在树的外面圈成铁丝网罩住，郁达夫围着树转了半天，猜测树龄比自己的年纪大一两倍，树是不是宋梅，他不敢断定。郁达夫去年秋天，曾经到过"天台山国清寺的伽蓝殿前"，看过一棵隋梅。梅的品种不一样，但它们是梅的系列，属于一个大家族。不管什么品种对于他并不重要，这是植物学家的事。

走出大明堂后，必须穿越梅花林，郁达夫经过吴昌硕的坟，

左：吴昌硕，晚清民国时期著名国画家、书法家、篆刻家，与任伯年、蒲华、虚谷齐名为"清末海派四大家"。他是"梅知己"的艺术大师，一生嗜梅花如命，以"十年不到香雪海，梅花忆我我忆梅"，表达自己与梅的情感。

右：吴昌硕墓位于超山报慈寺西侧山麓，宋梅亭畔，墓门石柱上刻有沈淇泉(卫)所撰联语：其人为金石家，沉酣到三代鼎彝，两京碑碣。此地傍玉潜故宅，环抱有几重山色，十里梅花。

瞻仰完前辈，从旁一条石路往上攀登。山越往上登越高，瘦弱的他气喘吁吁，路上遇到很多林木，一两棵梅树，被丢弃的梅花。郁达夫几乎累得支撑不住，终于来到了半山的竹林边，看到隐在林间的真武殿，他顾不上休息，还是继续行走。从这里望去，目光所极的地方，是一片清澈的湖水，弯曲的河道，数不清的果树和星星点点的人家。

郁达夫给自己加油，从中圣殿不过多的停留，就沿石级往上去。穿过黑龙潭，再向前走二里多地攀到山顶上。登上天然石筑的天门四面环视，才明白超山的奇特，文献志书上说"山有石鱼石笋等，他石多异形，如人兽状。"郁达夫认为，文字所记载的不假，其山上的一堆石，山下的万棵梅花，向东眺望的大海，朝南的钱塘江，它们和谐地相处，构成江南柔美的画卷。无边的田畴，遍地的桑麻，眼前自然的景象，不是形容词排列在一起，就能渲染出的超山的绝景。

任何一个游客来到超山之后，不要急于返回，必须到塘栖镇上逛一逛。花不多的钱，雇一只小船漂流水上，酌一壶小酒。两岸临水人家，享受温暖的情调，一过丁山湖，向西看到独山，再向东望见马鞍龟背，这些景象拉扯出历史的碎片，南宋的垂亡在想象中流动：

福王在庄（至今其地还叫做福王庄）上所过的醉生梦死脂香粉腻的生涯，以及明清之际，诸大老的园亭别墅、台榭楼堂，或康熙乾隆等数度的临幸，包管你会起一种像读《芜城赋》似的感慨。又说到了南宋，关于塘栖，还有好几宗故事，值得一提。第一，卓氏家乘《唐栖考》里说："唐栖者，唐隐士所栖也；

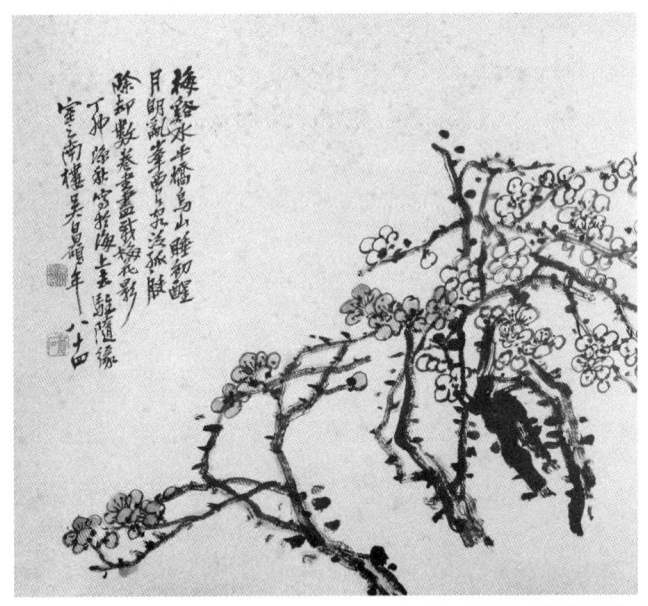

吴昌硕笔下的梅花

隐士名珏，字玉潜，宋末会稽人。少孤，以明经教授乡里子弟而养其母。至元戊寅，浮图总统杨连真伽，利宋攒宫金玉，故为妖言惑主听，发掘之。珏怀愤，乃货家具。召诸恶少，收他骨易遗骸，瘗兰亭山后，而树冬青树识焉。珏后隐居唐栖，人义之，遂名其地为唐栖。"这镇名的来历说，原是人各不同的，但这也岂不是一件极有趣的故事吗？还有塘栖西龙河圩，相传有宋官人墓；昔有士子，秋夜凭栏对月，忽闻有环珮之声，不寐听之，歌一绝云："淡淡春山抹未浓，偶然还记旧行踪，自从一入朱门去，便隔人间几万重。"闻之酸鼻。这当然也是一篇绝哀艳的鬼国文章。

一条水穿过塘栖镇，水的南面属于杭州，水的北端是德清。南方的水有灵性，透明中现出恍惚，阴柔中透出一脉情感。正是有了这条水，来往的船多了，商业变得繁盛，酒家自然也多起来。一个小镇不比县城清冷，怕是更要闹热。郁达夫深有体会，游过超山以后，最好下山，去塘栖镇上痛饮一场。从这里走回公路上，搭坐汽车便利，但坐一段小船，更别有一番诗意，这样才是一段完美的全程的游玩。

残秋的日暮

人一年年老去,心态随着变化,对事物的看法不一样。
落叶在空中飘动,遗落大地上,化作一个个符号,记录时间的离去。

1924年,郁达夫在旧历十月,写出一篇《小春天气》,当时他正在北京大学担任统计学讲师。他在日本留学时,学的就是统计,但他讨厌这个专业。认为只是养家糊口的手艺,每月工资单上,写着可以领百十元,七扣八扣,实际只有三四十元的薪水。这对于飞涨的物价,一家子人的生活来说,极其艰难困苦。

两三封老家来的信,堆在案头上,信中家人询问,为何不写信。郁达夫坐在案前,望着杂乱的书和信件,远离笔墨的生活,少说得有两三个月的样子。

想起一年中的光景,如同做年终总结,一件件事情在眼前流动。人一年年老去,心态随着变化,对事物的看法不一样。落叶在空中飘动,遗落大地上,化作一个个符号,记录时间的离去。一场碎雨，一阵南归的雁叫，一封没有拆开的家信。秋夜是思念的船，漂泊的人乘坐其上，即将飘往远方。郁达夫经不起伤感的弹拨，在不大的卧房里转来晃过，孤灯的光投映身上，加重思念的揪扯。郁达夫想起妻子，回忆远方的朋友，形成迷茫的前途，犹如沉重的大问号，给不出光明的答复。指间的香烟，一根根不断地点燃，抽得嘴里发苦。郁达夫失眠，不是躺在床上，等待睡意的降临，他持一截蜡烛，到厨房找下酒的剩菜，这样的事情有过几次。郁达夫回忆起，初到北京时举目无亲，连知心的朋友都没有。焦躁和孤独，影子般地缠在身上，那不是艰难所概括得了的，终于使他陷入无奈的绝望。

　　时间不因为人的脆弱，多一些同情。这一年来，郁达夫远离笔墨，不愿意在白纸上写下一个个文字，表露自己的心迹。这样有时是一件好事，因为谁也发现不了他心中所想的事情，只能任凭自己胡乱猜测。郁达夫感觉自己在变老，肉体受着精神的折磨。人未老心变得比老头还老，他自嘲地讽刺说，"牙齿也掉了，记忆力也消退了，对镜子剃削胡髭的早晨，每天都要很惊异地往后看一看，以为镜子里反映出来的，是另一个站在我后面的没有到四十岁的半老人。"扎在腰间的皮带，上面的一排孔眼，一个个地往里缩。腰越来越瘦，孔眼儿不够，不得不用钻子，打出几个新孔眼。郁达夫经常被人侮辱，过去一想起来，愤怒的情绪遍布全身，现在找不到了。郁达夫有自残的感觉，受侮辱的时候，冒出"滑稽"的感觉，总想发出天真的微笑。时间将郁达夫打磨得意志消沉，对任何事情都不感兴趣。即使有妻子和小孩的生存，对家中老母的身体是否健康这些亲情也都几乎忘掉。郁达夫丧失记忆，脑子里一片空白，如果在街上坐着车,他说不出想到什么地方,只告诉车夫要去阳光丰富的地方,跑得慢一点儿,好让他的眼睛,适应街道上流动的人。他要从人群中间,寻找到情感碰撞的激情,恢复对生活的热爱。车夫听从他的吩咐,奔跑在阳光下,郁达夫以情感零度的目光,观看来往的陌生面孔,看得累了,就回到家做点好吃的。

天高云淡,爽风阵阵,熬过夏天的人们,终于摆脱了酷热的折磨。大地上的果实成熟,劳累的人们迎来丰收,这是快乐的时节,在江南被称为"小春"。

舒卷的白云,卧在蓝色的天空中,小路铺满落叶,踩上去发出脆响,停下脚步寻响声望去。在后院子里,郁达夫寻找落叶声,这不是表演,没有做给什么人看,他窥视心中的伤痕,裂开的有多大。他家后院的槐树累了一季,正在脱掉褪色的叶子,想安静地休息。上午的时光变得寂寞,家里的人出门办事,郁达夫感到空虚。面对四壁,一个人坐不住,看到屋檐下,阳光勾出的一片阴影。熟悉的院子,引不起他的兴趣,一枚落叶飘落肩头,他拿在手里,观察枯黄的叶子,想到生命在季节转换中消失。一年四季,植物变化多样,人何尝不是和植物一样,随着时间的流淌,慢慢地老去,直到枯萎地消逝。阳光不能给郁达夫快乐,他站了一会儿,梦中的忧郁仍在心上不肯散。

忧郁是一种病,它潜伏在身体的深处,浸泡过的文字,有了另外的色泽。郁达夫品尝若隐若离的情绪,捕捉每一个字所含的成分,细致地摊晒阳光下。郁达夫没有意识到,这是危险的信号,玩弄忧郁的人,必将被它吞噬掉。它变得强大起来,

1940年在新加坡的郁达夫

一波波地冲击,现在不是享受,身心已然承受不住。郁达夫无法抵抗,不得不举起手投降。被情绪侵扰的他整日坐立不安,想不出有效的办法应对,只能不断地抽烟,希望得到瞬间的安慰。正当陷入忧郁病难以自拔之时,门铃儿突然响起,他的朋友G君,背着速写夹进来,兴高采烈地说:"达夫,我想去郊外写生,你也同我去郊外走走吧!"

G君是郁达夫的小伙伴,年纪不满二十,是一位充满青春活力的画家。郁达夫看了他一些画作,对画的调子特别喜欢。他经常跑过来,请郁达夫品赏新作,他们交流艺术上的看法,相互得到不少有益的东西。G君渲染地说:"今天天气太好,坐在家里,太对不起大自然,还是出去走走的好。"郁达夫终于找到救星,二话不说,急忙换好衣服,他们一起走出门。郁达夫临走时,一边叮嘱门房"中饭不回来吃,叫大家不要等我"。

他们不是预先设计好线路,而是随心情游走,两人的意见一致,自然地走向西。出了平则门后,高大的建筑很少。城门附近有卖东西的小摊儿,有一个花生米的小摊主,穿着"宽大的夹袄",从这件衣裳能够看出,街巷已透出秋天的气息。有一家茶馆的幌子,吸引着路过的人们。

人们使用茶馆进行公共生活,逐渐形成了一种特殊的文化,成为民间传统的重要部分。在一个茶馆里,顾客之间,顾客和茶馆的关系,也是一种文化关系。茶馆是一个窗口,通过这个窗口我们可以观察各种人物和各种活动。那些过去没有任何关系的人,因为使用同一个空间而被联系在一起,而那些人关系的人在茶馆里进行个人、社会、经济的各种活动，更加强了他们间的纽带关系。在这个空间里，即使人们喜欢议论纷纷，但至少在表面上还是相互尊重的，特别是茶馆的主人、掌柜的、堂倌、小贩以及其他的靠茶馆谋生的人，都尽量讨顾客的欢心。①

历史学家王笛，以他独特的眼光，捕捉到茶馆这个公器，它遍布在大地的每一处角落，起到不同于一般的作用。郁达夫以作家的敏锐，察看郊外茶馆中的人与事，物与人的关系。郁达夫和王笛不同，他被忧郁缠绕在秋天的阳光里，脸上的色泽也不健康，有一种营养不良的颜色。郁达夫注视行人的样子，心里的疼和忧郁形成新的敌人，联起手向他进攻。他们避开郊外的大路，顺城边往北折去。夏季的时候，郁达夫经常来堤上纳凉，熟悉这个地方。今天较往日安静，来往的大车稀疏，游玩的人也不多。夏天路边柔媚的杨柳，如今的颜色已然变化，影子形不成阴匝地。护城河里的水浅，水面倒映晴空，反映秋天的阳光。向对岸望去，树叶凋落的林木，枝条纵横的交错在空中。收获后的大地，不似夏日那般葱绿，蔓延的草枯干浮出浅黄色。远处的法国教堂，屋顶的十字架，失去庄严的气势，孤立在那里。秋意弥漫在大地上，清新的空气和阳光，铺满隔岸堤上，郁达夫对G君说："我看这里太辽阔，取不下景来，我们还是进城去吧！上小馆子去吃了午饭再说。"

"近来不晓得怎么的，有一种莫名其妙的神秘的灵感，常常闪现在我的脑里。今天是不成了，没有带颜料和油画的家伙

---

① 王笛著：《茶馆》，第97页，北京：社会科学文献出版社，2010年版。

来，"G君指向远处教堂,兴奋地说:"几时我想画画教堂里的宗教画看。"

"那好得很啊!"

郁达夫提不起情绪,失去冲动的激情,有气无力地答了一句。他们改变方向,又向城里走回,G君在后面,背着速写夹跟着郁达夫。

找了一家小酒馆,朋友小酌一场,喝了两斤黄酒。酒在身体里起到助兴的作用,郁达夫和G君,招来一辆人力车上。他们坐在车上奔赴陶然亭,太阳已经西斜了,酒精变得威力更大,醉意赶跑忧郁。午后的阳光晒在身上,又经过车子的颠动,坐在车上困意袭来。人力车经过琉璃街,跑过新开垦的地,进入南下洼的旷野。郁达夫放眼一望,几排鱼鳞瓦的屋顶,半隐在疏林边一带。大自然的恬静,归林鸟儿,疾飞的鸣叫,苍苍的天色,收割后旷野。这一切构成的画面,渗出淡淡的伤感,使人有了创作的冲动。郁达夫有些醉意,看到落满阳光的坛殿城池。他看着朋友的速写夹,突然一笑地向G君说:"秋气满天地,胡为君远行,这两句唐诗真有意思,要是今天是你去法国的日子,我在这里饯你的行,那么再比这两句诗适当的句子怕是没有了,哈哈……"

G君只喝了一点酒,脸涨得通红,听到郁达夫念的诗,笑着对他说:"唐诗不是这样的两句,你记错了吧!"

几句诗引来两人大笑,互相嘲笑对方,人力车来到陶然亭,近旁有一片芦花丛,此时,西边天际下,青山隐隐勾画出曲折的线条,仿佛大自然抒写的一幅美好的诗作。一阵笑闹以后,郊外的小风吹在身上,下车的时候,郁达夫挺不住了,他对G

君说:"我想上陶然亭去睡一觉,你在这里画吧!现在总不过两点多钟,我睡醒了再来找你。"

郁达夫沉睡中,被陶然亭的听差摇醒,西天射满残阳。他不情愿地起来,洗了一下脸,一口气喝两碗清茶,从台阶上下来,郁达夫望到陶然亭在地上投下的一片阴影。穿过东边的道路,来到芦花地边,环顾一望,茫茫一片的白色芦花。在西北的抱冰堂,铺展大片阴影,西侧的高处,涂满夕阳的最后余光。郁达夫穿越"香冢鹦鹉冢的土堆的东面",他离很远的地方,认出了G君画画的背影。郁达夫被黄昏的情景惊呆,他激动地说:"这样迷人的落日的远景,我却从来没有看见过。"太阳眼看快要落山,树枝上挂满金光的釉,水边的芦根,结满芦花的苇穗,一半染成红色,一半仍是白色。郁达夫止住脚步,观望着眼前的景色,甚至忘记了自己的存在。

上前走了几步,在灰暗中我看见G君的两手,正在忙动,我叫了一声,G君头也不朝转来,很急促地对我说:"你来,你来,来看我的杰作!"

我走近前去一看,他画架上,悬在那里,正在上色的,并不是夕阳,也不是芦花,画的中间,向右斜曲的,却是一条颜色很沉滞的大道。道旁是一处阴森的墓地,墓地的背后,有许多灰黑凋残的古木,横叉在空间。枯木林中,半弯下弦的残月,刚升起来,冷冷的月光,模糊隐约地照出了一只停在墓地树枝上的猫头鹰的半身。颜色虽则还没有上全,然而一道逼人的冷气,却从这幅未完的画面直向观者的脸上喷来,我簇紧了眉峰,对这画面静看了几分钟,抬起头来正想说话的时候,觉得太阳已经完全下山了,四面的薄暮的光景也比一刻前促迫了。尤其是使我惊恐的,是我抬起头来的时候,在我们的西北的墓地里,也有一个很淡很淡的黑影,动了一动。我默默地停了一会儿,惊心定后,再朝转头来看东边天上的时候,却见了一痕初五六的新月悬挂在空中。又停了一会儿,把惊恐之心,按捺了下去,我才慢慢地对G君说:"这一张小画,的确是你的杰作,未完的杰作。太晚了,快快起来,我们走罢!我觉得冷得很。"我话没有讲完,又对他那张画看了一眼,打了一个冷痉,忽而觉得毛发都悚竖了起来;同时自昨天来在我胸中盘踞着的那种莫名其妙的忧郁,又笼罩上我的心来了。

G君含了满足的微笑,尽在那里闭了一只眼睛——这是他的脾气——细看他那未完的杰作。我催了他好几次,他才起来收拾画具。我们二人慢慢地走回家来的时候,他也好像倦了,不愿意讲话,我也为那种忧郁所侵袭,不想开口。两人默默地走到灯火荧荧的民房很多的地方,G君方开口问我说:"这一张画的题目,我想叫《残秋的日暮》,你说好不好?"

"画上的表现,岂不是半夜的景象吗?何以叫日暮呢?"

他听我这句话,又含了神秘的微笑说:"这就是今天早晨我和你谈的神秘的灵感哟!我画的画,老喜欢依画画时候的情感节季来命题,画面和画题合不合,我是不管的。"

"那么,《残秋的日暮》也觉得太衰飒了,况且现在已经入了十月,十月小阳春,哪里是什么残秋呢?"

"那么我这张画就叫做《小春》吧!"

郁达夫和G君离开陶然亭,走进附近的一条热闹的街。两个人各自雇一辆人力车，回到自己的家里。新月出现，乘着月光郁达夫回家，穿越无人的安静的僻巷。从热闹的灯火辉煌的大街，转入黑影横斜的地方，郁达夫好像遇见了什么，莫名其妙的忧郁，又跑出来纠缠，比白天更强大。

陶然亭的晚霞

陶然亭是清代名亭,现为中国四大历史名亭之一。陶然亭公园以及陶然亭地区名称就是以此亭而得名的。

忧郁燃了又燃

车窗是一个取景器,使迷人的图画尽收眼底,火车驶到松江站,郁达夫的眼睛丝毫没有移开过。

自然的风光唤起他麻木的思想,累得筋疲力尽的人,不会有闲暇的心情回味童年,体味大自然的兴趣。

  凌晨四多点钟的样子,郁达夫突然醒来,睁开干涩的眼睛。他的头胀疼,感觉一半在梦中,一半已经清醒,两种意识拧成一根绳子,拉扯他向窗外望去。天空透出亮色,仿佛一团水墨,在宣纸上洇开,向天明伸展,房间里黑蒙蒙的,渗进微弱的光亮,遗下的夜裹挟着残碎的黑暗,使饱含睡眠的分子四处流荡。这个时间是贪睡的时候,睡眠并不因为即将到来的天亮逃离。

  时间还早,郁达夫对自己说,这几个月的焦虑不安,造成睡眠不足,人整天头脑昏沉,他脆弱的身体急需睡觉镇静。郁达夫似睡非睡中再次清醒,猛地从床上跳下。来到窗前,去跑马厅察看自鸣钟上的时间,看后吓一跳。由于睡眠不好,眼睛模糊的不适应，没有看清钟上的时刻，第二次重新落枕，迷糊中过了时间，八点钟的快车，即使他跑着去火车站也来不及了。

天气是说晴不晴，说雨不雨的阴阳天。郁达夫跑下楼去洗漱，毛巾投在水中，胡乱地擦一把。不时地催听差，问他能赶上车吗？他原来有一块"镶金的钢表"，在东京穷困时，在寂寞中拿去换了酒喝。另一个新买的表，去年在北京的街头被偷走。时间对于他是估摸，这样的状态中误了很多的事情。听差告诉他准确的钟点，已经七点三刻，他嘴里含着牙刷，从楼上到楼下往返几次。郁达夫的无名火，不知对谁发火，莫名其妙地跑了一阵，心中不时地算计，可是无论怎么节省时间，也不可能赶上八点的车了。郁达夫一下子放松下来，不紧不慢地洗脸，换上衣服，叫听差雇了一乘人力车，将自己送往火车站。郁达夫回家乡，火车驶到杭州后，坐两个钟点的轮船到达富阳县城。船每天只有上下午两班，上午八点开，下午两点走。船不算太大，搭乘这样的轮船，由江干开往桐庐。如果乘早车从上海起程，一路顺利的话，午后四五点钟时，便能推开家门，走进熟悉的院子里。今天不可能了，因为坐不上早班火车，一切都要往后面拖。一步赶不上，步步跟不上。郁达夫今天不能回家，要在杭州过夜，赶明天早班船。一想到起个大早，赶个晚集，郁达夫心中闷闷不乐。时间对于他并不重要，关键的是囊中羞涩，说不好听的话，掏不出买半斤黄酒的钱。郁达夫精打细算，一路的盘缠仍不够使用，几乎一贫如洗。怨言积攒在心中，他便将责任推诿到朋友身上。昨天晚上，他的朋友来访，谈人生，谈艺术，聊到深夜离开。郁达夫厌恶自己，知道今天早晨赶车回家，仍然一聊兴奋，不管时间的早晚。现在郁达夫回忆，为什么引来那么多

20 世纪初的杭州街头

的话？这些话多少有用，有多少废话，竟然说了那么长的时间。朋友聚在一起，话题一打开，乡愁便被暂时忘记，大家东一句，西一句的说，眼睛里堆着兴奋，一会儿高兴大叫，有时大哭几声，说过来倒过去，总还是几句公文一般的套话：

"世界真是奇怪，像这样轻薄的人，也居然能成为中国的偶像的。"

"正唯其轻薄，所以能享盛名。"

"他的著作是什么东西呀！连抄人家的著书还要错"

"唉唉！"

"还有××呢！比××卑鄙，更不通，而他享的名誉反而更大！"

"今天在车上看见那犹太女子真好哩！"

"她的屁股正大得爱人。"

"她的臂膊！"

"啊啊！"

"恩斯来的那本《彭思生里参拜记》，你看到什么地方了？"

"三个东部的野人，

三个方正的男子，

他们起了崇高的心愿，想去看看什，泻，奥夫，欧耳。"

"你真记得牢！"

年轻人喜欢这样，漫无边际地吹牛，打开话匣子，直到说得筋疲力尽，抖出全部的牢骚。今天赶不上早班车，不得不停留杭州。城市露宿街头的人多了，郁达夫坐在人力车上，看着清晨的景象。他心里还在怨恨朋友们，迫使他多破费了一些钱财。

人力车来到北站，车夫跑出了一身汗，郁达夫付了车钱，走进车站。站上人不多，他来的时候快车已经开出，慢车还没有始发。郁达夫随着人群候车，等待开车时间。郁达夫得了一段空闲，就随便在车站附近溜达，闲散的走动中心情逐渐平复。郁达夫这次回家乡，想法很简单，没有什么大事情，只是回故乡走一走。郁达夫生存的状况艰难，两袖清风，只有一只空荡荡的旅行袋。郁达夫如果钱财富裕，他就会抽几张钞票塞到鞋子里，钱藏在那种地方，小偷不可能发现，也不会强迫他脱鞋。况且郁达夫痛恨金钱，钱踩在脚下，这是复仇的机会，也借此满足了自己的虚荣心。郁达夫在车站转悠，他嘴角露出一丝微笑,像他写的一段文字一样,"有时候我真有用了全身的气力,拼死蹂践它们的举动——而已,身边有行李,在车站上跑来跑去是非常自由的。"

对事物的观察,郁达夫有着独特的敏锐,他捕捉平常的事物,从中感觉不平常的东西。天气燥热的使人发慌,然而这只是上午,不到午间时分,吹来的热风,夹杂灰土和煤烟弥漫车站。三伏天的暑热,悄然地钻进身体,郁达夫忍受不住热的煎熬,汗水爬满全身的地方。他央求地说:"啊!三伏的暑热,你们不要来缠扰我这消瘦的行路病者!你们且上富家的深闺里去,钻到那些丰肥红白的腿间乳下去,把她们的香液蒸发些出来罢!我只有这一件半旧的夏布长衫,若被汗水污了,明天就没得更换的呀!"

一个人东瞧西望,磨蹭候车的时间,准备坐车的人越来越多。车站永远是最富人情味的地方,持续上演着悲欢离合的故事。从过往的行人的神情中,能够观察到每一个人的内心世界,离别者,送行者,他们的心情迥然不同。郁达夫孤单一人,送行中既无朋友,也无亲戚。他羡慕别人,心中涌起一阵感慨:"论才论貌,在中国的二万万男子中间,我也不一定是最下流的人,何以我会变成这样的孤苦呢!我前世犯了什么罪来!我生在什么星的底下?我难道真没有享受快乐的资格吗?我不能相信的,我不能相信的。"郁达夫不愿傻站,向检票口走动,他渴望有熟人出现。他走到检票口,看见几个穿白衣裙的女子从人力车上下来。其中有一个年轻的小姑娘,戴白色运动软帽,提了很重的小皮箱,经过郁达夫的身边。他伸手想帮她拿东西,减轻她的负担。她却猛地站住脚,满心疑问地大睁两眼,只瞧了一眼,然后快速离开。郁达夫好心好意,得到的却不是感谢,而是冰冷无情的怀疑。他的脸一下涨红,浑身发出一层汗,慌忙收回手,避开这种眼光,逃到人群里,不好意思看周围的人。稳了一会儿神,他向四周偷看,被女孩子拒绝的感觉,有说不清的滋味,回味中产生特殊的东西。"零余者"郁达夫,从日本回国后,在一次还乡途中,目睹很多的东西,这些平日里的琐事,触动他伤感、脆弱和彷徨的心。他的情感处在边缘,对周围世界的感触,不是在国外思乡时的情景。这时期,他的言行表现自己内心的情状,是作家在"五四"前后的思想震荡。

八点四十五分,接近检票的时间,郁达夫干脆准备买票,他怕再次碰上女孩子,太不好意思。

郁达夫鼓励自己,小心地来到窗口,透过玻璃看到面无表情的卖票员,他买了一张车票,然后匆忙地逃离,不顾一切的一阵跑,气喘吁吁地进了站台。郁达夫由于紧张,刚才买的是二等票,他一想到鞋里剩下的钱,在杭州住一宿,还要有吃喝住宿的费用,心里产生一阵悲凉。

郁达夫观看在站台上急忙登车的旅人,身后跟着穿黄色制服的挑夫。站台上忙乱的情景,也弄得视野一片零乱,面对一群陌生人,他们素不相识,却将和郁达开始一段旅途。郁达夫感觉憋闷,将车窗打开探出头,查看梅雨晴时的天空。天上暂时没有雨云,他深吸一口气,安慰自己说:"雨是不会下了,晴不晴开来,却看你们的运气罢!"

站台上的人减少许多,只有几个铁路上的员工,还有送完客人的挑夫。火车一声长鸣,慢慢地开动起来,郁达夫伏着窗子，望着变化的画面，触目惊心的情景，引得他发自内心的自白：

北站附近的贫民窟！同坟墓似的江北人的船室，污泥的水潴，晒在坍败的晒台上的女人的小衣，秽布，劳动者的破烂的衣衫等，一幅一幅的呈到我的眼前来，好像是老天故意把人生的疾苦，编成这一部有系统的记录，来安慰我的样子。啊啊，载人离别的你这怪兽！你不终不息的前进，不休不止的前进罢！你且把我的身体，搬到世界尽处去，搬入虚无之境去，一生一世，不要停止，尽是行行，行到世界万物都化作青烟，你我的存在都变成乌有的时候，那我就感激不尽了。

由现代的物质文明产生出来的贫苦之景，渐渐地被大自然掩盖了下去，贫民窟过了，大都市附近的小镇过了，路线的两岸，只有平绿的田畴，美丽的别业，洁净的野路，和壮健的农夫。在这调和的盛夏的野景中间，就是在路上行走的那一乘黄色人力车夫，也有些浪漫的色彩。他好像是童话里的人物，并不是因为衣食的原因，却是为了自家的快乐，拉了车在那里行走的样子。若要在这大自然的微笑中间，指出一件令人不快的事物来，那就是野草中间横躺着的棺冢。穷人的享乐，只有陶醉在大自然怀里的刹那。在这一刹那中间，他能把现实的痛苦，忘记得干干净净，与悠久天空，广漠的大地，化而为一。这是何等的残虐，何等的恶毒呢！当这样的地方，这样的时候，把人生的运命，赤裸裸的指给他看！我是主张把中国的坟冢，把野外的枯骨，都掘起来付之一炬，或投入汪洋的大海里去的。

火车越来越快，随着大地的广阔，窗外的绿色多了。在犹如箱笼的上海生存，失去了对自然的激情，人也变得麻木。郁达夫很久不工作，完全靠稿费维持生活，艰难的度过每一天。大半年为生存奔波，不会想起大自然，竟还有如此清绿的树木。火车过莘庄，天完全晴爽，铁路边的树木钻出的蝉声，骤雨般地降临。蓝色的天空，飘着几缕云絮。阳光洒在树叶上，整齐的稻田里，大地上蔓延的野草。黄梅雨季的小溪，小桥下积满的水流，水车旁的茅草屋，包围古庙的红墙，流动的画面不断更换。车窗是一个取景器，使迷人的图画尽收眼底，火车驶到松江站，郁达夫的眼睛丝毫没有移开过。自然的风光唤起他麻木的思想，每天一睁开眼睛，就要为了生存忙碌，两个字构成拼命的状态。累得筋疲力尽的人，不会有闲暇的心情回味童年，体味大自然的兴趣。

火车一过松江，大地又是一番情景，弯身在田里劳作的农民，草地上的羊群，泥墙草屋的院子里，有一群觅食的鸡。土屋的大门口，一个光膀子的农夫，站在那里吸烟，观看驶过的火车。恬静的乡村图景，打动沉睡已久的心，郁达夫忘记自己身在车厢里，不知不觉地大叫一声："啊！啊！这和平的村落，这和平的村落，我几年不和你相接了。"

郁达夫忘情的叫，引来同车人的注意，人们拿猜疑的眼光，望着这个人莫名其妙的举动，流露出不可思议的神情。郁达夫坐的慢车，又是二等车，所幸车厢里的人不多，要不只能半途跳下车来逃避羞耻的目光。郁达夫感觉各种人的眼睛一齐集中到他的身上，目光里藏满复杂的意识，无数个问号冲来撞去。郁达夫被弄得不耐烦，决定给自己找个台阶下，时间不早了，他的肚子有些饿。郁达夫将手伸向鞋里,他摸了一摸,神情迟疑,唤来茶房,要他弄一点饭菜。我知道郁达夫动身时,在鞋里藏了两张钞票,买了一张火车票后,已经没有多少钱。一个人的旅途寂寞,又受到这么多的白眼,以他的性格不会忍受。况且还不到杭州,不该在车上大吃大喝,我想劝郁达夫节俭一下,钱要花在刀刃上,不能不考虑后果而图一时的快乐。郁达夫不会听我的话,书中的他,自有一番自己的道理,谁也不可能说服的了。此时他起了一个念头:"横竖是不够的,节省这几个钱,有什么意思,还是吃罢!"

郁达夫喝一口汤,吃了几口面包之后,觉得嗓子干渴,又叫茶房拿了两瓶啤酒。酒下肚里镇静烦乱的心,他一边吃喝,一边观望窗外变化的水光和云影。汽笛长鸣,撕扯着郁达夫的情绪,吃饱喝足后,郁达夫带了几分醉意,钱不时地在脑子里浮出,想到晚上住杭州所需的宿费,还有明天上富阳的轮船票这些现实的东西,他的心里不免有些烦躁。郁达夫打消杂乱的念头,车到山前必有路,不过是一晚上,实在不行睡马路。郁达夫快乐地对自己说:"人生是现在一刻的连续,现在能满足,不就好了吗?一刻之后的事情,又何必去想它,明天明年的事情,更可丢在脑后了。一刻之后,谁能保证火车不出轨!谁能保得我不死?罢了罢了,我是满足得很!哈哈哈哈……"

郁达夫坐的车厢,挂在车的最后,所以在眺望台上看去,无任何东西遮挡,而且能接受风的触摸。他扶住铁栏,迎接凉风吹来,野景被甩在车后,天上的过云,使他幸福的不能言说。

我二十多岁写作,读过他的很多小说,被那种忧郁的调子深深迷住。他说"平生感到幸福的时间,总不能长。一时觉得非常满足之后,其后必有绝大的悲怀相继而起。"这句话我现在能够理解,他并不是为赋新诗强作愁。幸福是瞬间的事情,更多的是平凡生活。这时的郁达夫站在车台上,捕捉到一幅美满的画面。三十多岁的农夫,举着自己的小孩,一家人在桑树荫下玩耍,夫妻两个人,笑呵呵地守着孩子。阳光从树的枝叶间筛落,光和影交织形成的画面,是印象派画家追求的境界。一个饭箩,一瓶茶水,几只盘子,充满生活的情调,朴实诠释一切。快乐离郁达夫太远,他与漂泊结下缘分,如果单独使用一个字,还有牵挂的思念,两个字结合在一起,反将他打入地狱。郁达夫面对孤灯,留下的文字说:"我是一个有妻不能爱,有子不能抚的无能力者,在人生战场上的惨败者,现在是在逃亡的途中的行路病者,啊!农夫啊农夫,愿你与你的女人和好终身,愿你的小孩聪明强健,愿你的田谷丰多,愿你幸福!你们的灾殃,你们的不幸,全交给了我,凡地上一切的苦恼,悲哀,患难,索性由我一人负担了去吧!"

1923年2月,郁达夫辞去政法学校老师一职,携家人回到上海。受到太多伤害的郁达夫想和妻儿一道回老家,盖一所茅草屋,远离复杂的社会缠绕,悠然自得地享受乡村的生活。郁达夫的心情复杂,这个时候,郭沫若和夫人和孩子从日本归来,在上海落脚。成仿吾从湖南赶到,创造社的三驾马车相聚在一起,久别的朋友相会,各自倾诉痛苦。郁达夫将自己回富阳老家的打算向好朋友诉说,郭沫若安慰郁达夫,说这不是出路。

郭沫若善意的劝告,没有平复郁达夫的烦闷,死亡的念头,又一次浮上心头。孙荃理解郁达夫。为了承担丈夫的痛苦,经过几天的反复思考后,她决定抱儿子回老家富阳。郁达夫很内疼,觉得自己不是个男人,连妻儿也保护不了。由于生活漂泊,工作无着落,一个人在这里受苦反而是最好的办法。

第二天,妻儿乘火车离开上海,在火车开动的瞬间,郁达夫的眼睛被泪水模糊。他挥动的手,那么的无奈和绝望。

郁达夫想起妻子写给自己的一封,信中说她离开后的心情:

我从来没有一个人单独出过门,那天晚上,我对你说的让我一个人回去的话,原是激于一时的意气而发,我实不知道抱着一个六个月的孩子的妇人的单独旅行,是如何的苦法的。那天午后,你送我上车,车开之后,我抱了龙儿,看看车里坐着的男女,觉得都比我快乐。我又探头出来,遥向你住着的上海一望,只见了几家工厂,和屋上排列的那里的一列烟囱。我对龙儿看了一眼,就不知不觉的涌出了两滴眼泪。龙儿看我这样子,也好像有知识似的对我呆住了。他跳也不跳了,笑也不笑了,默默的尽对我呆看。我看了这种样子,更觉得伤心难耐,就把我的颜面俯上他的脸去,紧紧地吻了他一回。他待了一会儿,就在我的怀里睡着了。

火车行行前进,我看看车窗外的野景,忽而想起去年你带我出来的时候的景象。啊啊!去岁的初秋,你我一路出来上A地去的快乐的旅行,和这一回惨败了回来的情状一比,当时的感慨如何,大约是你所能推想得出的罢!

在江干的旅馆里过了一夜,第二天的早晨,我差茶房送了一个信给住在江干的我的母舅,他就来了。把我的行李送上轮船之后,买了票子,他又来陪我上船去。龙儿硬不要他抱,所以我只能抱着龙儿,跟在他后面,一步一步地走上那骇人的跳板去,等跳板走尽的时候,我想把龙儿交给母舅,纵身一跳,跳入钱塘江里去的。但是仔细一想,在昏夜的扬子江边还淹不死的我,在白日的这浅渚里,又哪里能达到我的目的?弄得半死不活,走回家去,反而要被人家笑话,还不如忍着罢。我到家以后,这几天来,简直还没有取过饮食,所以也没有气力写信给你,请你原谅我……①

信中有血泪,郁达夫闻出不一般的东西,他的情感脆弱,心中祝福着家人时,眼泪控制不住地滴落。大半年由于失业的原因,他在上海吃的苦,所遭受的罪,不是常人受得了的。大约三个月前,妻儿迫于无奈离开郁达夫,从这条铁路上经过,车站分手时的情景,现在不敢想。眼前的风光不停地变化,风吹散身上的汗水,吹乱头发。大自然的美景,使郁达夫不是沉浸在美的享受里,而是充满忧郁,他感到经过的树,像在那里嘲笑自己:"你回来了吗?你在外国住了十几年,学了些什么回来?你的能力怎么不拿些出来让我们看看?现在你有养老婆儿子的本领吗?哈哈!你读书无术,到头来还不是归到乡间去啃祖宗的积聚!"

铁轨向远方延伸,望着高速转动的车轮,可怕的念头钻进心中暗暗发笑。死亡的强烈诱惑,勾引郁达夫向前迈动脚步。郁达夫的腿抖的几乎跌倒一般,踉跄地走了几步。他注视着冰冷的铁轨,似乎看到钢铁碾压血肉的景象,两手攀住铁栏,闭上一双眼睛,牙齿咬紧下唇。各种意识恰到好处,配合得天衣无缝,现在只需脚尖用力,将身体推出,一切的事情就会结束。火车行驶的轰隆声在耳边鸣响,郁达闭上眼睛,脚尖的力气变

---

① 刘炎生著:《旷世文人郁达夫》,第53页,武汉:湖北人民出版社,2007年版。

小，冲动被生的欲望占有。郁达夫睁开眼睛，天高地广，稻田里一片油绿，火车循着轨道向前奔跑，他靠在栏杆上，一副劫后重生的样子。生与死之间较量，郁达夫被痛苦折磨的筋疲力尽。身上冒出的汗，挥发掉身体中的酒精，使他理智清醒多了。这个时候，家中的人仿佛在远方召唤。郁达夫不是出来旅游，而是走在回家的途中，不管路程长短，回家才是目的。

火车到了杭州站，郁达夫中途转站，乘船走水路到达富阳。郁达夫情绪低落的随着旅客走出车站。1911年，十五岁的郁达夫在"顺风！顺风！"的叮嘱声中，第一次由一位老秀才陪同，坐了一只帆船，自富春江溯流而上，到达杭州求学。杭州是他的第二故乡，看到熟悉的红墙，热闹的酒馆，人来人往的茶楼，他的心中难以平静。

郁达夫没有带行李，一个人步出车站。车站上混乱嘈杂，往车站里进去的人，下车向外出的人群，在空场上交织而过。人力车夫，旅馆的招待，各自招揽着客人，同行之间为了竞争，甚至粗口大骂，互不相让。郁达夫受不了这种声音，匆忙的找了一家旅馆安顿。

郁达夫开了一个单间，扫去旅途中沾染上的灰尘，清洗一下手和脸。茶房拿了一张纸登记个人的信息，郁达夫呆立了半天，仿佛他是茶房，注视对方的身份。郁达夫心中说"我对他呆呆地看了一忽，他好像是疑我不曾出过门，不懂这规矩的样子，所以又仔仔细细的解说了一遍。啊啊，我那里是不懂规矩，我实在是没有写的勇气哟，我的无名的姓氏，我的故乡的籍贯，我的职业！啊啊！叫我写出什么来？"

茶房在一旁客气地催迫，郁达夫不得不写假名，籍贯填上

"异乡人",职业一栏,只写"无"字。这一个字击中郁达夫的心,眼泪被"无"字击落,滴在那张纸上。茶房看了一眼纸上的泪,好心的对郁达夫说:"先生府上是哪里,请你写上了罢,职业也要写的。"郁达夫别无办法,圈了异乡人,加上两个"朝鲜",职业涂改成"浮浪"。茶房不解修改的几个字,还是小心地出去,房门关上后,郁达夫一头倒在床铺,失控地大哭起来。

旅行使郁达夫疲惫不堪,在泪水相伴下,逐渐有了朦胧的睡意。突然似乎是门在响动,他觉得有人,跳下床慌忙推开门,看见的不是别人,而是他的祖母站在门外。天色好像黄昏,房间里的光线暗弱,辨不清东西的棱角。在奇怪的灰黑中,祖母脸上的表情却辨得清楚。郁达夫不说一句话,他们对坐几分钟,祖母缓慢地说:"达!你太难了,你何以要这样的孤洁呢!你看看窗外!"

郁达夫顺着她指的方向,看见街上的人群中,有燃烧的火把在那里,透过晃动的人头,仔细一瞧,火焰中竟然坐着木偶。这是一件奇怪的事,郁达夫和自己嘀咕,木偶的相貌与他的朋友相似。郁达夫不解地想问祖母,电灯的开关响了一声,一片光亮出现,茶房走进房间,来到郁达夫的床前,问他晚饭怎么吃?郁达夫的意识却还在梦中,无心思回答茶房的问话。祖母是今年二月去世,这样的离奇相聚,反而使他有了一点安慰。

茶房不高兴地离开,郁达夫洗了一下脸,随后走出旅馆。夕阳在天际变幻着色彩,落在楼屋脊上,黄昏刮来一阵小风。郁达夫熟悉杭州,不管转悠到什么地方,都不会迷路找不到北,他走到羊市街,穿越过车站的广场。

沉静的这杭州故郡，自我去国以来，也受了不少的文明的侵害，各处的旧迹，一天一天被拆毁了。我走到清泰门前，就起了一种怀古之情，走上将拆而犹在的城楼上去。城外一带杨柳桑树上的鸣蝉，叫得可怜。它们的哀吟，一声声沁入了我的心脾，我如同海上的浮尸，把我的情感，全部付托了蝉声，尽做梦似的站在丛残的城堞上看那西北的浮云和暮天的急情，一种淡淡的悲哀，把我的全身融化了。这时候若有几声古寺的钟声，当当的一下一下，或缓或徐的飞传过来，怕我就要不自觉得从城墙上跳下城濠，把我灵魂和入晚烟之中，去笼罩着这故都的城市。然而南屏还远，CURFEW 今晚上不会鸣了。我独自一个冷冷清清的立了好久，看西天只剩了一线红云，把日暮的悲哀尝了个饱满，才慢慢地走下城来。这时候天已黑了，我下城来在路上的乱石上钩了几脚，心里倒起了一种莫名其妙的恐怖。我想想白天在火车上谋杀的心思和此时的恐怖心理一比，你的感情思想，原只是矛盾的连续呀！说什么理性？讲什么哲学？

黄昏中走在街头上，目光不时地触摸两边的建筑，店铺的灯光越来越多，清泰门前的大街上，行人匆忙的影子，从灯光里走过。有一些小凉风，几家铺子，将桌子在门前摆开，吸引客人在那里吃饭。

我看到郁达夫走在街上，这是他的第二故乡，自然有很多的社会关系。我知道郁达夫的朋友中，有的当上科长，有的做任参谋，正是风光得意时。郁达夫如果打招呼，承受不了冷嘲热讽的接待，在当时，地位是人的身份证。郁达夫在上海这半年，饱受太多的冷眼，当年的锐气被磨秃，真的永远回到家乡的小地方，他也不会上门求情，让人帮助一下。郁达夫走到石牌楼的某中学的附近，杭州变化太大了，旗营兵改了，湖边多了一些别墅。只有这一条街仍旧保持老样子，清清冷冷，来往的行人稀少，还是郁达夫刚来杭州考中学模样。郁达夫仿佛走在旧日的时光中，他踏进巷口的小酒店里，坐在桌前，要了一壶酒，让酒和青春相会

　　一盏昏暗的灯光下，摆放着一张简易的黑桌子，郁达夫坐在旁边，喝了几杯高粱酒。本以为喝这些酒就会醉了，但郁达夫却越喝越清醒。放下酒杯，胳膊撑在桌上，两手托腮，向灰暗的街头望去，听到胡琴飘来的伤感的曲调，抓住他的心不放，过不多久，一个瘦长的身影出现，跟着几个不大的小孩。两根琴弦奏出凄楚的曲调，演绎人生的悲苦。郁达夫突然起了一种绝望的渴念，他被凄凉的琴声吸引，决定跟着他们，继续听弹击人心的曲调。郁达夫急忙算清账，快步从店里走出，追赶流浪的艺人们。街头寻不到他们的影子，他们不知走向了什么地方。郁达夫觉得今天不顺心，独自踱在街头，漫无边际地溜达。酒精在身体里燃烧，郁达夫不想回旅馆早早躺在床上，于是便从丰乐桥一直走到西湖的边上。

　　过去常来玩的地方，每一处都是那样的熟悉，湖上没有月光的映照，临水的几家茶楼，灯火明亮的酒馆，使湖边有了热烈的气氛。郁达夫跨过马路，走到湖水边，面对黑乎乎的水面，站立很长的时间。一阵送浪声，吹来带水腥气的风，拂去身上的燥热，也使他的情绪平静。西子湖的三面，竖立黑黝黝的山影，山脚下的村庄里，飘出几点灯光。湖边听不到有人的声音，黑暗如同沉重的石块，郁达夫受不了压抑，对着湖水扯开嗓子

大喊一通。声音穿越黑暗,掠过水面,跌落入湖中心。

郁达夫一个人离开湖边,走在安静的街上,回到旅馆里已是深夜。解开衣服上床,辗转难以入睡。郁达夫摸黑点上一支烟,调整心绪,明天还要赶路回家,他希望能够尽快地睡觉。此时郁达夫听见楼下的动静,有女人的声音,她和茶房在那里说话。

"来哉来哉!咦哟,等得(诺)半业(日)嗒哉!" 这是轻佻的茶房的声音。

"是那一位叫的?"

"仰(念)三号里!"

"你同我去呵!"

"噢哟,根(今)朝诺(你)个(的)面孔真白嗒!"

茶房领了她从我门口走过,开入到间壁念三号房里去。

"好哉,好哉!活菩萨来哉!"

茶房领到之后,就关上门走下楼去了。

"请坐。"

"不要客气!先生府上是哪里?""阿拉(我)宁波。"

"是到杭州来耍子的吗?"

"来宵(烧)香个。"

"一个人吗?"

"阿拉邑个宁(人)。京(今)教(朝)体(天)气轧业(热),查拉(为什么)勿赤膊?"

"舍话语!"

"诺(你)勿脱,阿拉要不(替)诺脱哉。"

"不要动手,不要动手!"

"回(还)朴(怕)倒霉索啦？"

"不要动手，不要动手！我自家来解罢。"

"阿拉要摸一摸！'

一阵脚步声走过，隔壁的房门被推响。女人妖媚的笑声，使郁达夫更加不能入睡，他躲无处躲，用双手堵住耳朵，却不见任何效果。女人的撒娇声，占据了不大的耳朵眼。郁达夫想不出好的办法，只好从床上爬起，到街头胡乱地走。时间已经到了一两点钟的样子，街上除了零散的人力车外，几乎不见有人行走。为了逃避女人的调情声，他只能消耗体力，赶走入侵的声音。郁达夫来到拐角的一家饭馆前，只有这家还在营业，他一见锅子和炉灶瞬间感到饥饿，于是不假思索地踏了进去。

一个人喝半斤黄酒，又吃一碗热面，付钱的时候着实心疼。郁达夫离开上海时，身上只有五元钱，他的花费没有精确的计算。本来坐二等车就是浪费，又在车上闹情绪，报复自己大吃了一场。现在付了酒钱，手头上只剩一元几角钱，明天还必须付住宿费和早餐费。出门还要坐黄包车，哪里还有多余的钱购买回家的轮船票呢？一分钱憋倒英雄汉，郁达夫囊中一穷二白，在街道胡乱走了一阵，又走回老路上。走上绕湖的马路，在一家曾经住过的旅馆的窗下，呆立一阵子。四周没有人，郁达夫忽然被邪恶诱惑，他想偷进去弄几个钱花。

郁达夫恶意的念头，和他同时代的女作家萧红，也有过类似的经历，难以忍受饥饿的折磨，加之身上实在无一分钱，才迫使这个邪恶的想法冒出。

郁达夫用心里的手，将半掩的窗子推开，细心地拆去窗外的铁杆，从墙上一跃，摸进那间屋子里。他看见床前白帐子下，规整地摆着白花缎子鞋，衣架上挂一件"白华丝纱衫"。小心地拉开梳妆台的抽屉，里边有粉盒，一把白象牙骨褶扇，还有一个精美的女人手包。郁达夫拿走口袋，走到窗前时，羞耻的心迫使他将东西放归原处。想了一下，望着手中的女鞋，又将另一只鞋子拿起。

郁达夫在幻想中，想象自己作为主角，然后发生的一个个故事。吹来的风，使他恢复意识，感觉脸颊正在发烧，身上冒出许多汗水。

郁达夫奔回旅馆，推开房门，躺在床上静一会儿。隔壁的偷情者，鼾声时断时续地传来。这对于郁达夫是另一种折腾，然而身体太过疲倦，没过多长时间，困倦的眼皮终于沉坠下去。一觉醒过来，郁达夫手支撑床上，斜楞身子大声叫茶房，问他是几点钟。

"十点钟，鲜散（先生）！"

郁达夫心中慌乱，他必须乘早班轮船回去，这班船票便宜，他兜里的钱也不够在杭州多留。下午的快班船，比早班的贵一倍。郁达夫从昨天开始，心里各种不顺气，他把东西碰得直响，向茶房发了一通火。

走出旅馆，郁达夫不敢雇人力车，从羊市街向前走，一步步地走出城。郁达夫轻身回家，我听到郁达夫说："这时候我所有的财产全部，除了一个瘦黄的身体之外，就是一件半旧的夏布长衫，一套白洋纱的小衫裤，一双线袜，两只半破的白皮鞋和八角小洋。"

郁达夫想搭人力车，只是无多余的钱。太阳挂在天空，强烈的日光晒在大地上,郁达夫无处躲避,硬着头皮往码头走。走不上半里多路,汗水便爬满全身,断线似的流淌不止。背后响起一阵铃响,跑来一辆人力车,车夫看郁达夫迈不动步子,骂了几句难听的话。车上坐着"穿白纱长衫的少年绅士的背形,和车夫的在那里跑的两只光脚"。郁达夫来不及反应,车子跑向远处,他没有力气追赶说理。走了一段路,又是一阵车夫的咒骂声,郁达夫散开路,看见了一列人力车,拉着三个女学生,她们的两腿中间,夹着自己的皮箱、铺盖。车子速度很快,眼瞅撞在身上,他不得不再次让路,免得被撞翻地上。

　　望着跑去的人力车,郁达夫骂了几句粗话,算是安抚自己的精神疗法。

下雪的午后

几天来,阴云密布,终于闷不下去,飘起小雪来。一年将尽,每年的十二月末,街上的各家店铺里,呈现喜庆的气氛,进去的人挤来挤去。然而今年的情景,清冷得如同白开水一样,时间过了中午,行人少得可怜。

"聚芳号"和所有的商家相同,往日热闹的景象,只能在记忆中寻找。老板的情绪低沉,没有一个顾客来买东西,他无聊地向外张望,天空落下雪花。他喊了一声,召唤出一个长得不算难看的妇人,看了她丰满的身体,大家知道,这是老板的新媳妇。她来到老板面前,看到她时,一脸微笑地说:"云芳!你在这儿看一会儿店,我出去和震大公司结账去。万一老李来,你可以问问他昨天托他的事情怎么样了?"老板从隔壁间的衣钩,将黑绒的帽子摘下,往前走了一步,站在媳妇面前戴上。他照一下小镜子,竖起外套的领子,从柜台一侧的小门出去……

钩，将黑绒的帽子摘下，往前走了一步，站在媳妇面前戴上。他照一下小镜子，竖起外套的领子，从柜台一侧的小门出去。

常来的顾客知道，这位老板，原是"郑聚芳"总店的小老板。他和云芳结婚以后，他父亲让夫妻俩住店里。父亲颇费心意，使年轻人懂得生活的艰难，半年以前，为新婚夫妻在新市场的延龄路上，开设一家分店，教他们独立经营谋生。

老板生长在商人的家中，从小听惯算盘珠的碰响，熟悉接人待物，如何经营商品。分店初时，货物布置的合理，售出的价钱公道。店的位置在闹市上，往来的人多，每月能做千元左右的买卖。两个月后，香客不多了，游西湖的人少起来，国内战争发生，人心惶恐不安。谁还有心思卖东西，这一段时间顾客稀少，销不去出货，流动的资金短缺，弄得小店清冷一落千丈。现在每天卖的东西，不到五六块钱，又是年根时节，各家供应商年终结总账。几日来，他着实为经济问题，费了许多的愁虑。

将小天王接到城里来，千不该万不该，"聚芳号"老板在雪地行走，他要去清河坊，一边不停地走，不时地埋怨自己。"聚芳号"老板后悔，想起小天王的娇气声，性感的嘴唇。"聚芳号"老板大吸一口清寒的空气，抬起头来，四周瞧了一眼。双手在身上拍打一阵，拂去落下的雪片，走向清河坊的脚，不听话的改变方向。先从马路的右边，走向马路的左边，又朝前一段，他走进一条小巷。

一条沿河的小巷，"聚芳号"老板在一家二楼上，为自己相好的小天王，租了一套房子。他结婚后搬到新市场，经常借口谈业务，瞒过媳妇云芳，常来和情人会面的地方。

2013年1月，窗外阴霾堆积，每天上班如同在老照片里行走，见不到一缕阳光。晚上在书橱中找出《郁达夫小说全编》，这是我二十年前买的书。重新读郁达夫的作品，看到他讲述小老板借由子，又抛开新媳妇，偷偷地和情人相会。郁达夫慢悠悠地讲，他们第一次见面的情景。

"聚芳号"老板和小天王的相识，已经是两年前的事情。有一天，朋友邀请他去吃花酒，同学李芷春请客，非要上拱宸桥去。"聚芳号"老板受的家教，坚持做人必须谨慎，不能凭一时的性子。喝酒要有助兴的女人，李芷春给他叫了小天王，第一眼太重要了，从此眼睛便生在她的身上，怎么也逃不掉。桌子上的酒菜，朋友举杯说的话都已记不清了，只有娇美的小天王变成中心。"聚芳号"老板那时没有成家立业，每天在父亲的眼睛下生活，稍不做到位，总要受父亲的训斥，早起晚归，手中离不开算盘珠子。单调的劳作，压抑不住年轻的身体，对异性的需求。小天王娇滴滴的声音，被窝里温顺的身体，一想起来，把握不住自己的冲动。郁达夫描述"聚芳号"老板说，"他若把眼睛一团，就看得见一张很光亮的铜床，床上面有雪白的毡毯和绯红的绸被铺着。床面前的五桶柜上摆在那里的描金小钟，和花瓶香盒之类，也历历的在他心眼上旋转。"

认识小天王时，"聚芳号"老板只有二十一岁。小天王年纪比他小，她是闯江湖的人，懂得人情世故。她教"聚芳号"老板，学会男女之间的事情，知道情为何物。

后来时，"聚芳号"老板不和同学一块来，他独自去小天王那里。有一天晚上，天气清冷，刮起大风。他到小大王的住处，一起喝酒，听她唱小曲，酒和曲子燃烧起激情，耗掉时间的存在。酒越喝人越兴奋，闹到午夜十二点，酒多情浓留在小天王住处。

这夜不一般，"聚芳号"老板结束青春期的幻想，懂得女人身体的滋味。小天王多情的眼睛，薄薄的嘴唇，火焰一样地热辣。"聚芳号"老板掉入情感的陷阱中，越陷越深不能自拔。郁达夫看到小天王脱下衣服娇羞的样子，灯光投映在她的淡红的小汗衫上。郁达夫理解"聚芳号"老板，紧紧抱住以后的感觉，评论家周明全指出：

"私小说"是作者把自己直截了当地暴露出来，脱离时代背景和社会生活而孤立地描写个人身边琐事和心理活动，它偏重身临其境，如游记等的身边杂记式的题材。这也是郁达夫"文学作品都是作家的自叙传"这一论断的理论依据。郁达夫在《中国新文学大序·散文二集》的序言中说：这一句话，是千真万确的。客观的态度，客观的描写，无论你客观到怎样一个地步，若真的纯客观的态度，纯客观的描写是可能的话，那艺术家的才气可以不要，艺术家存在的理由，也就消灭了。……所以我说作家的个性，是无论如何，总须在他的作品里头保留着的。"个性"二字在郁达夫的散文创作中如影随形，也是他散文创作理论及衡量散文优劣的重要杠杆。可以说，在中国现代散文史上，郁达夫的散文是最有特色、最有个性的大丈夫散文。

为文有个性是大好事，但为文者太有个性，却并非是一件大好事。郁达夫的文章有个性，其人也很有个性。他为人的个性化和骨子里挥之不去的颓废导致其文章也无可避免地沾染上了颓废、甚至消极的气味，他拼命地发泄着自己的人之本能、本性，竭力在病态的生活中满足沉沦的自我。正如有人所说的，"这种情感和行为显然具有消极性，这是郁达夫散文中不健康的内容,但却绝不是反动的内容,绝不是与时代思潮格格不入的情调。郁达夫主要是以这种病态来发泄一个从封建礼教羁绊中觉醒了而又找不到出路的青年的苦闷。这种不健康的色彩下面仍有着五四'人的发现'所寄寓的积极的意味。"①

"聚芳号"老板在小天王身上花不少钱,他父亲有所耳闻,觉得这样下去非常危险。直到今年四月,父亲对于他的放荡,实在忍受不下,为他匆忙地相亲,云芳上门过来,目的想让云芳来束缚儿子。

"聚芳号"老板和云芳是表兄妹,两人从小长大,一直很要好。新婚的晚上,闹洞房的人散后,夫妻俩说了半夜的话。"聚芳号"老板纠结很久,坐在新婚的被子上,动情地说了和小天王的事情。"聚芳号"老板宣誓一般地表态,他对云芳的热爱是真心,但对小天王断不了念头。妻子聪明心眼很多,她不采取过激的行动。对丈夫依然如故,偷偷地跟父母说了这件事。"聚芳号"老板天真,中了云芳的计,他们结婚以后的两个月中间,"聚芳号"老板没有到过小天王的家一次。

"聚芳号"老板守着妻子过日子,整天忙于做生意,很少分心做一些别的事。小天王在他心目中消失,一个月前,他到车站去送客,意外地遇见小天王。

六月中旬,有一天太阳毒辣,光线晒得很热,蝉叫声铺天盖地。"聚芳号"老板相遇到小天王,两人热情地聊起来,仿佛什么都不发生。"聚芳号"老板神不守舍,心中装满小天王的影子,那天晚上他撒谎瞒过云芳,来到老情人家过夜。旧情重燃是危险的开始,小天王对于"聚芳号"老板这样的纯男人,

---

① 周明全著:《郁达夫散文的情怀》,原载《文艺报》,2012年6月18日。

玩弄起他来，如掌中的小动物。她只用一个小计，不费吹灰之力，从云芳身边夺过这个人。在温暖的床上，小天王不停地捶打"聚芳号"老板，一边哭他薄情无义，然后光着脚跳下床，拿起桌上的一把小刀，非要割腕自杀。"聚芳号"老板慌忙阻拦，强行夺下刀子，抱着软绵绵的身体，流着眼泪重新上床。以后的几个月中间，他偷偷地藏起一部分钱，暗地里将小天王赎出，替她在一条小巷租一套房子。

他一边在小巷里冒雪走着，一边俯伏着头，尽在想小天王那双嘴唇。他想起了三天前在她那里过夜的事情，他又想起了第二天早晨回到店里的时候，云芳含着微笑问他的话："小天王好吗？你又有几天不去了，昨晚上可能睡着？"

走到了那一家门口，他开门进去，一直走到很黑的退堂夹弄的扶梯眼前，也没有遇见一个人。

"我们的这房东老太婆，今天怕又在楼上和小天王说话吧？让我悄悄地上去，骇她们一下。"

他心里这样的想着，脚步就自然而然的放轻了。幽脚幽手的走上了楼，走到了房门口，他举手轻轻一堆，房门却闩在那里。站住了脚，屏着气，侧耳一听，房里头并没有说话的声音。他就想伸出手来，敲门进去，但回头再一想时，觉得这事情有点奇怪。因为平时他来，老太婆总坐在楼下堂前面糊火柴盒子。他一向上楼来，还没有一次遇见小天王的房门闩锁过。含神屏气的更静立了几分钟，他忽而听见靠板壁的他和小天王老睡的床上，有一个男人的口音在轻轻地说：

"小天王！小天王！醒来！天快晚了，怕老郑要来了吧？"

他的全身的血，马上凝结住了，头发一根一根的竖立了起来。瞪着眼睛，捏紧拳头，他就想一脚踢进房去。但这铁样的决心，还没有下的时候，他又听见小天王睡态朦胧地说："像这样落雪的时候，他不会来的。"

他听了小天王的声气，同时飞电似的想起了她的那双嘴唇，喉头更是干烈起来，胸前的一腔杀气，更是往上奔塞得厉害。举了那只捏紧的拳头，正要打上门板上去的一刹那，他又听见男人说："我要去了，昨天老郑还托我借钱来着，我答应他今天去做回音的。让我去看看，他若在店里哩，我晚上再好来的。""啊！这男人原来是李芷春！"

节外生枝，这个枝扭转很多人的人生，结出的悲欢离合，遗落岁月的深处。情欲烧得"聚芳号"老板，不断地背叛自己。走在到小天王住处的路上，眼前浮现她娇小的身子，闻到销魂的气息。想到过不了多长时间，他将躺在床上，搂抱梦中想念的女人。"聚芳号"老板来到门前，伸手未等敲门，听出里面传出李芷春的声音。思想斗争激烈，两只脚不知迈向那一方，门里的声音太刺激，那应是自己的声音，现在被老同学霸占。"聚芳号"老板心中，说不出是什么滋味，一赌气退几步，走下阴暗的楼道里。"聚芳号"老板伤了自尊心，觉得自己被欺骗，肚子里鼓足的气发泄不出。逃是最好的办法，离得远远的眼不见为净。"聚芳号"老板意识模糊，分不清方向，脑子里一片空白。扑来的风，挟着雪花打湿脸，辨不出泪水还是雪水。不停地走，耗费身体的能量，清寒和疲惫扑灭降临的绝望。天色已经灰暗，雪势不减，地上一片白，雪花在飞舞。"聚芳号"

老板头上的帽子，经过一阵的奔逃，被雪打得湿透，他摘下帽子，头上蒸发出热气。在冷空气里，静心待了一会儿，他辨别方向，知道是在"钱王祠不远的湖滨的野道上面"。

"聚芳号"老板缓过神，将今天下午的事情，前后梳理一遍。

"啊啊！怎么对得起云芳！怎么对得起云芳！"

"今天我出门的时候的她那一种温柔体贴的样子！""啊啊！我还有什么面目做人？"

"聚芳号"老板想到这里，脸上涨得热辣，火热的颊上，流过痛苦的眼泪。他止不住地叫一声，很快被风雪吞没。

1932年12月，在杭州的水明楼上，郁达夫面对一摞稿纸，写下一个凄凉的爱情故事。在爱与欲不能自拔时，郁达夫为他选择了结束年轻生命的地方。水能清洗一切脏污，使一条生命焕发新的开始。郁达夫的意图是使他洗掉身上的邪恶，重新开始人生的道路。再次读二十多年前的书，发现书中的空白处，有一行留下的铅笔字"这就是命吗？"那时读郁达夫只是喜欢忧郁的调子，根本不理解作品的真正意义。多少年后，我懂得他文字的另一面的东西。

书中的"聚芳号"老板，听到有一种声音召唤。两只手划向湖面，身体淹没到水底。

附录

草檄书生梦里功

尉克冰

正如作家祝勇所说,"不知从什么时候起,维生开始专注于旧日文人的精神世界,写了沈从文,又写萧红。描述他们的经历容易,但要深入他们的内心却很难。"高维生先生接连完成两部力作《浪漫沈从文》和《悲情萧红》后,又一次艰难地跋涉在旧时的岁月风尘里,与旷世才子郁达夫成为灵魂上的挚友。

在这个大范围被雾霾袭击的寒冬,很少愿意出门,手捧一杯热茶,细细品读高维生的新书《郁达夫的孤影流年》,渐入佳境后,几乎忘却了一切窗外事。

高维生不是机械地为郁达夫立传,而是用饱含深情的文字,记录着与郁达夫的一次次相遇、交流。同以往侧重于人物生平的线性记录式的那些传统传记相比,他的写法更偏重散文化,更感性,也更鲜活。而前者多表现得更学术和理性,距离心灵也似乎稍微远些。高维生不断变换时空,游走于现实和往日岁月，腾挪辗转间，打开了通往郁达夫精神世界的道路，也构架起连接读者心灵的桥梁，使得三者之间形成强烈的共鸣。

"我跟随郁达夫，来到秋天的苏州，望到破败的景象，郁达夫的情绪一跌千丈。我的心情被无名的东西撞动，不知如何去安慰他。

我来到窗前，外面的雪停一会儿，接着又落一阵。北方的天空，比郁达夫看到的坏多了。我理解他的心境。

晚上接到友人的电话，我们谈到郁达夫。放下电话，我走出郁达夫的世界，回到现实中来。我们年纪不轻了，还在为写作拼命。"

高维生的文字把我带进真实的郁达夫的世界。

叔本华说，要么庸俗，要么孤独。郁达夫决绝地选择了孤独，放弃了庸俗。他生活在黑暗动荡的时代和社会，一生颠沛流离，饱尝了生活的艰辛和人生的痛苦。他那些极富才情的文字里常常氤氲着化不开的悲凉与愁绪。

或许是宿命的原因吧，他姓氏里的"郁"字，与他人生的情感基调与文字色彩的关键词"忧郁",居然如此契合。每每阅读郁达夫时,便不由得想到一连串"忧郁"的近义词来,"阴郁""沉郁""郁闷"等,似乎在这个落寞与哀愁的结合体——一介文弱书生身上,难以找到显而易见的刚毅与强韧来。可是如果我们仔细观照和察看郁达夫的生平事迹与他文字深处所蕴含的质感,就不难发现,在他近乎悲观消极的性格另一面,是勇敢的反抗和反叛精神。他以瘦削身材力救抗日志士于危难中,并多次发文声讨日本侵略者和国民党反动派的罪行,以及他在自传体小说《沉沦》的结尾发出呼号与呐喊:"祖国呀祖国,你快富起来!强起来罢!你还有许多儿女在那里受苦呢!"我们从中不难洞见其内心的觉醒和反抗意识,这种意识其实早已深嵌进他的骨子和血脉里,与他浓得化不开的哀愁常常交织黏合在一起,因此,他的文字里常透射出内心的分裂、挣扎与矛盾,他的坚强往往潜藏在他的温和与柔弱之中,不易使人察觉。他所作七绝"牵情儿女风前烛,草檄书生梦里功"与"河山两戒重光日,约取金门海上盟",便是对此最好的诠释和注解。

　　从这个意义上说,郁达夫是一位战士,并且是与鲁迅并肩作战的战士。他与鲁迅成为最好的朋友。在本书第三卷"心灵的荒原"中"郁达夫回忆鲁迅"一节,作者用大量的笔墨记述了两人之间的交往和友情。

站在整本书的角度看,高维生正是撷取郁达夫生命链条上某些部分和关键细节,用敏锐的感知、记忆和体认,深入郁达夫的生命内核和灵魂深处,为我们结构出一个血肉丰满、立体感强的别样的郁达夫。他穿越时空,沿着郁达夫的足迹和心迹,寻找着与之共通共融的生命体验,和彼此对人性与生命意识的认知和观照。"独自坐在窗前,张望窗外的情景,思绪自然地回想起来,离家别国的思念之情,铺天盖地扑来,越是想甩脱,它如同一场暴雨,将郁达夫包围起来。""自然的风光唤起他麻木的思想,每天一睁开眼睛,就要为生和存两个字构成拼命的状态。累得筋疲力尽的人,不会有闲暇的心情回味童年,体味大自然的兴趣。"

高维生对郁达夫流露出的感情是同情、珍视与敬重,但绝不是仰望,他们之间建立起平等关系,成为隔空对话的知己。也正是因了这平等关系,高维生才得以更深入地体味郁达夫的悲愁、快乐、忧郁和创痛。他将感知的触角伸向那片黑暗的天空，钩沉、察觉甚至想象出许多不为人知的细节，揣摩和捕捉郁达夫情感上细微的变化，思想上细小的波动，安抚他孤苦的心灵。"淡淡的情丝，不像火焰来得凶猛，燃烧得壮丽。那愁绪撕扯成一丝丝，缠绕人的心上，使愁绪和思念交织成一张大网。在情感网的笼罩下，他感到应该走出家门，去外面的天空散步。""我想劝郁达夫节俭一下，钱要花在刀刃上，不能不考虑后果，图一时的快乐。然而郁达夫不会听我的话，书中的他，自有一番自己的道理，谁也不可能说服的了。"这样的写作，使得本书富有更浓郁的人文色彩和悲悯情怀。而郁达夫的创作过程，正是一个充满了强烈悲悯意识的过程，他写过许多被压迫的底层小人物，并对他们充满着同情。这种饱含人道主义色彩的悲悯情怀，是一个优秀作家不可缺少的价值立场。高维生在不断认识和发现着郁达夫，也在不断认识、发现和提升着自己。

  同样值得一提的是，高维生诗化的语言风格。好的语言是托起深刻思想的必要载体，如江面上疾行的小舟，乘上它，无限风光尽收眼底。高维生的语言有一种不事雕琢的美，在岁月的沉潜和砥砺中，洗去了铅华。他用字极省，几乎不用修饰词，显得质朴而又灵动，细密而又坚实，逐渐形成他独特的语言风格。如"富春江是一轴展开的国画，竹排顺江而下，一根长篙撑走日子，原生的乡野小调，漂浮水面上。"寥寥数语，诗意地勾画出一幅轻灵跳脱的动态画面，笔调简洁明快却富有神韵，给读者留足了回味与想象的空间。再如，"秋夜是思念的船，漂泊的人乘坐，他要漂往远方。""忧郁是一种病，不是白色药片能治好，它潜伏身体深处，它浸泡过的文字，有了另外的色泽。"书中，类似的文字俯拾即是，带给读者一番番难忘的审美享受，也让我们在审美愉悦中不断思索着文学的价值所在。

"时间的过滤通常公正不倚，丢弃名噪一时的，挽救被遗忘的，抬高被低估的东西。一位伟大的作家去世以后的日子，也是关于价值与永恒的神秘问题得以解决的时候。"高维生用苏珊·桑塔格的名言作为本书开头的献辞，我想这也正是他苦心孤诣地行走往日岁月，在困苦跋涉中不断探索和追寻的理由。

后记

贴近郁达夫的灵魂

这是我所写的第三本关于人物的书,不想将它列入"正传""别传"中,不想给这本书的文体下定义,这只是我对旧时代文人的一种纪念。

二十多岁读郁达夫,被文字缠绕的忧郁吸引住,根本不理解一个漂泊者的痛苦。随着年龄的增长,阅读的丰富,对于郁达夫有了不同的理解。在对作家的认知过程中,寻找忧郁的缘由。

郁达夫叙述童年院子里的鱼缸,当他的头扎进水中,经受生与死的考验。这不同于在母亲子宫里生出的体验,而是改变生命的一次震动。从此郁达夫的幸福,被一缸水冲刷得一干二净,这是他性格形成的关键。我对郁达夫的发现,促使追寻他的一生。

北方的冬天,带给人的不单是寒冷,而且送来一些阴郁的日子。我经常站在窗前,面对窗外的景物,思绪在郁达夫的文字中行走。祝勇在给我的萧红一书荐语中说:"不知从什么时候开始,维生开始专注于旧日文人的精神世界,写了沈从文,又写萧红。描述他们的经历容易,但要深入他们的内心却很难。"如今这个难字,在这个寒冷的冬天,使我在过去的时间里跋涉,相隔时空与作家对话。写完个性鲜明的郁达夫,我不知应该如何面对现实生活。

富春江的灵秀,江南的山清秀水,贯透郁达夫的文字,他火焰一般的激情,浇铸文坛上的一座青铜像。郁达夫被人歪解,这种不公显示他作品的力量,富含生命意义,被时间保存下来。真诚、坦白、真爽,敢于将自己摊在阳光下的,必定是一个大作家。

任何文学作品是写给当代人看的,也是留给后一代人读的。

今天是农历腊月二十八,明天是春节,中国人传统的节日。我写完最后一个字,它是献给新年的礼物。写这本书是对我的一次考验,感谢这些日子,使我又一次触摸郁达夫的心灵。

高维生

2015年1月8日

于抱书斋

主要参考文献

1. 郁达夫著：《郁达夫小说全编》，南京：浙江文艺出版社，1989年版。
2. 郁达夫著：《郁达夫散文选集》，上海：上海文艺出版社，1990年版。
3. 郁达夫著：《回忆鲁迅·郁达夫谈鲁迅全编》，上海：上海文化出版社，2006年版。
4. 郁达夫著：《郁达夫江南印象》，武汉：华中师范大学出版社，2010年版。
5. 王映霞著：《王映霞自传》，合肥：黄山书社，2008年版。
6. 郁达夫著：《中学生经典阅读——郁达夫》，上海：文汇出版社，2001年版。
7. 何满子著：《三五成群集》，银川：宁夏人民出版社，2007年版。
8. 郁达夫著：《风雨茅庐——郁达夫回忆录》，北京：华夏出版社，2008年版。
9. 王笛著：《茶馆》，北京：社会科学文献出版社，2010年版。
10. [马]温梓川著：《郁达夫别传》银川：宁夏人民出版社，2006年版。
11. 刘茂海著：《是颓废还是辉煌——郁达夫作品的思想与艺术》，

银川：宁夏人民出版社，2006年版。

12. 刘炎生著：《旷世文人郁达夫》，武汉：长江文艺出版社，2007年版。

13. 蒋成德著：《思与诗——郁达夫研究》，北京：中国文史出版社，2011年版。

14. 董晓薇著：《日本影响下的创造社文学之路》，北京：社会科学文献出版社，2011年版。

15. 胡山源著：《文坛管窥——和我有过往来的文人》，上海：上海古籍出版社，2000年版。

16. ［明］王圻、王思义编著：《三才图会》，上海：上海古籍出版社，1988年版。

17. 周明全著：《郁达夫散文的情怀》《文艺报》，2012年6月18日。

18. 富利刚著：《儿时曾作杭州梦——郁达夫的杭州片断》《杭州日报》，2009年8月4日。

此书中有关郁达夫的部分图片资料经郁达夫后代同意并使用，其余部分图片来源于网络，请作者及时与出版社联系。